本书获教育部人文社科规划课题"新时代'文明其精神,野蛮其体魄'思想融入大学体育课程建设研究"、山东省教育厅教研项目"'五育融合'视域下大学体育教学及其课程体系建设研究"联合资助

公共体育服务在提升城镇化质量中的作用及实现策略

周文福　陈栎圯　著

·北京·

图书在版编目（CIP）数据

公共体育服务在提升城镇化质量中的作用及实现策略 / 周文福，陈栎圯著. —北京：科学技术文献出版社，2023.6
ISBN 978-7-5235-0437-6

Ⅰ.①公… Ⅱ.①周… ②陈… Ⅲ.①群众体育—公共服务—作用—城市化—研究—中国 Ⅳ.① G812.4 ② F299.21

中国国家版本馆 CIP 数据核字（2023）第 125709 号

公共体育服务在提升城镇化质量中的作用及实现策略

策划编辑：张　丹　　责任编辑：张瑶瑶　　责任校对：王瑞瑞　　责任出版：张志平

出 版 者	科学技术文献出版社
地　　址	北京市复兴路15号　邮编　100038
编 务 部	（010）58882938，58882087（传真）
发 行 部	（010）58882868，58882870（传真）
邮 购 部	（010）58882873
官方网址	www.stdp.com.cn
发 行 者	科学技术文献出版社发行　全国各地新华书店经销
印 刷 者	北京厚诚则铭印刷科技有限公司
版　　次	2023年6月第1版　2023年6月第1次印刷
开　　本	710×1000　1/16
字　　数	143千
印　　张	9
书　　号	ISBN 978-7-5235-0437-6
定　　价	39.00元

版权所有　违法必究

购买本社图书，凡字迹不清、缺页、倒页、脱页者，本社发行部负责调换

目 录

第一章 绪 论 1
　一、研究目的 1
　二、选题依据 1
　三、研究目标及重难点 8
　四、研究计划 9
　五、研究方法 10

第二章 本研究相关概念梳理 12
　一、公共体育服务相关问题研究 12
　二、城镇化质量相关问题研究 21
　三、城镇化质量建设进程中的体育元素 25
　四、城镇公共空间建设过程中的体育元素 28

第三章 公共体育服务与城镇化质量之间的关系 31
　一、公共体育服务与城镇化质量建设关系紧密 31
　二、公共体育服务与城镇化质量建设良性互动 37
　三、公共体育服务与城镇化质量建设创新发展 40

第四章 公共体育服务提升城镇化质量的作用 46
　一、公共体育服务提升经济城镇化质量的作用 46
　二、公共体育服务提升人口城镇化质量的作用 65
　三、公共体育服务提升社会城镇化质量的作用 75

第五章　公共体育服务提升城镇化质量发展策略......89

　　一、发展公共体育服务产业提升城镇化质量......89

　　二、增加公共体育服务有效供给提升城镇化质量......99

　　三、打造公共体育服务集群提升城镇化质量......115

第六章　结　语......129

参考文献......131

第一章
绪　论

一、研究目的

我国实行改革开放政策以来，城镇数量不断增加，城镇规模不断扩大，城镇化作为一种社会发展现象，既是物质文明进步的具体体现，也是精神文明前进的动力源泉。近些年，随着我国城镇化建设进程的深入，城镇数量不断增加，截至2020年我国城镇化率已经达到了60.34%，因此，城镇化质量建设势在必行。城镇化质量是指在城镇化进程中与城镇化数量相对的反映城镇化优劣程度的一个综合概念，特指城镇化各组成要素的发展质量、协调程度和推进效率。目前，在城镇化质量如何提升方面，发展公共服务提升城镇化质量已经形成共识。

公共服务以合作为基础，强调政府的服务性，强调公民的权利，其主要职能包括加强城乡公共设施建设，发展教育、科技、文化、卫生、体育等公共事业，为社会公众参与社会经济、政治、文化活动等提供保障，是城镇化质量提高不可或缺的力量。体育事业作为一项社会性事业，与城镇社会的民生问题休戚相关，与城镇居民的健康素质紧密相连，是整个公共服务体系的主要内容和重要载体。因此，作为公共服务系统的一部分，公共体育服务在提升我国城镇化质量中发挥着怎样的作用以及如何发挥作用值得关注也值得思考。

二、选题依据

1.国内研究动态

公共服务是21世纪公共行政和政府改革的核心理念，指不以营利（不以追求利润最大化）为目的，旨在有效地增进公平，推进合理分配，协调公共利益的调控活动[①]。

自"建设和完善社会公共服务体系"为我国政府所重视以来，国内体育理论界出现了"公共体育服务"和"体育公共服务"两个概念。刘艳丽等[②]的研究认为体育公共服务是为满足社会共同的需求，具有非竞争性和非排他性的体育服务。周爱光[③]的研究在对公共服务理论的诸多观点进行归纳分析的基础上，界定出体育公共服务是通过提供各种体育产品满足公民需要的公共服务。肖林鹏等[④]的研究从诠释公共服务的概念出发，提出公共体育服务是指公共组织为满足公共体育需要而提供的公共物品或混合物品。郇昌店等[⑤]的研究更加深刻地提出，公共体育服务是更合理的表达方式，更加符合现代汉语语言学规则，并认为公共体育服务是为满足公共体育需求而提供的产品和行为的总称。

对 CNKI、万方、超星、EBSCO 等数据库相关文献进行研究后发现，国外有关"Public Sports Service"的研究较早，国内相关研究最早出现在 2004 年，虽然存在概念上的争论，但从检索到的 1000 多篇文献的研究内容来看却基本一致，国内研究主要集中在以下 3 个方面。

第一方面：供给方式强调政府主导的多元化。

郇昌店等[⑥]的研究对我国公共体育服务发展进行了研究述评，通过理论研究对我国公共体育服务的研究框架进行了系统界定，并着重论述了公共体育服务需求与供给特征、公共体育服务运行机制等问题。曹可强等[⑦]的研究，在借鉴西方发达国家公共体育服务的发展历史经验的基础上，提出我国公共体育服

---

① 陈庆云.公共管理基本模式初探[J].中国行政管理，2000（8）：31-33.
② 刘艳丽，姚从容.从经济学视角试论我国体育公共服务产业生产主体的多元化[J].西安体育学院学报，2004（9）：16-18.
③ 周爱光.从体育公共服务的概念审视政府的地位和作用[J].体育科学，2012（5）：64-70.
④ 肖林鹏，李宗浩，杨晓晨，等.公共体育服务概念及其理论分析[J].天津体育学院学报，2007（2）：97-101.
⑤ 郇昌店，肖林鹏.我国公共体育服务概念的辨析：兼与范冬云先生商榷[J].西安体育学院学报，2011（5）：305-308.
⑥ 郇昌店，肖林鹏，杨晓晨，等.我国公共体育服务发展述评[J].体育学刊，2009（6）：20-24.
⑦ 曹可强，俞琳.论体育公共服务供给主体的多元化[J].体育学刊，2009（10）：22-25.

务供给模式的调整应基于社会公众公共体育需求的变化以及公共体育服务领域改革步伐，分阶段选择适合国情时情的供给模式，同时应明确政府在模式运作中的最终责任与角色地位。

曹可强[①]、蓝国彬[②]、樊炳有[③]的研究从不同侧面指出，我国公共体育服务供给主体单一且供给效果不佳，为了增加公共体育服务供给，应该运用市场化和社会化手段，引导和吸引社会资源参与公共体育服务供给，逐步形成政府、社会非营利组织和市场商业性组织的多元化公共体育服务供给格局。刘玉[④]的研究认为市场经济体制改革的不断深入，使我国体育事业得到了快速的发展，逐渐从基本没有公共服务职能，到基本实现了从"发展导向——效率优先"向"进步导向——均等共享"的转型发展。

第二方面：服务体系建设与绩效评价并重。

戴健等[⑤]的研究认为，公共体育服务体系的建设是一个长期努力的持续性过程，在不同阶段都应有先导性和前瞻性的发展蓝图、行动纲领，并以此作为指导，有序发展我国公共服务体系。王家宏[⑥]的研究认为，公共体育服务体系是一个复杂的系统，它包括：公共体育服务需求体系、公共体育服务供给体系、公共体育服务保障体系和公共体育服务评价体系，这些体系构成了公共体育服务体系的过程结构。范冬云[⑦]、王才兴[⑧]、刘庆山[⑨]等的研究从不同角度阐述了公共体育服务的基本特征、基本职能、基本架构，提出发展公共体育服务

---

① 曹可强.论政府公共体育服务供给的需求导向：以上海市为例[J].成都体育学院学报，2011（11）：1–4.
② 蓝国彬.实现城乡公共体育服务均等化的路径思考[J].体育与科学，2010（3）：63–65.
③ 樊炳有.我国体育公共服务供给制度及实践路径选择探讨[J].体育与科学，2009（7）：27–31.
④ 刘玉.改革开放30年我国体育公共服务供给模式转型与现实选择[J].体育科学，2014（2）：11–21.
⑤ 戴健，郑家鲲.我国公共体育服务体系研究述评[J].上海体育学院学报，2013（1）：1–8.
⑥ 王家宏.我国公共体育服务体系：过程结构与功能定位[J].北京体育大学学报，2014（7）：1–7.
⑦ 范冬云.我国体育公共服务研究中几个问题的探讨[J].成都体育学院学报，2012（2）：6–9.
⑧ 王才兴.构建完善的体育公共服务体系[J].体育科研，2008（2）：1–10.
⑨ 刘庆山.我国体育公共服务体系研究述评[J].上海体育学院学报，2008（5）：24–26.

的最终目标是完善公共体育服务体系。樊炳有[①]、郑家鲲[②]、秦小平[③]的研究认为构建我国公共体育服务体系的重点任务是，供给主体引入多元竞争机制、市场机制、社会化机制，同时应加快政府职能转变，改变服务模式。

第三方面：服务均等化方面的研究逐渐深入。

冯国有[④]的研究提出，公共体育服务均等化是政府公共服务供给的重要内容，也是实施全民健身计划目标的基本保障，并从经济学视角分析了我国实现体育公共服务均等化的策略。汤际澜[⑤]的研究，从我国经济社会发展现状和保障体育权利的角度出发，认为为了实现全民健身公共体育服务均等化的目标，应当对公共服务职能转变、服务内容标准确立、城乡区域统筹发展和构建体系完善机制的相关路径进行积极探索。刘亮[⑥]的研究，从资源投入规模、政府供给效率与服务公平角度阐释了公共体育服务均等化的内在机理，提出了我国公共体育服务均等化的"三因素理论模型"。

近些年相关研究的发展趋势：服务体系的构建、制度建设和均等化方面的研究一直是热点问题；2012年，公共体育服务绩效评价方面的研究开始受到关注，很多研究开始借鉴国外的经验，研究面也越来越宽，开始涉及城乡协调、少数民族地区、西部边远地区、某特定地区和弱势群体的公共体育服务问题；2014年以来，社会转型期的政府购买服务和社会组织参与服务等方面的研究越来越受到重视。

2. 国外研究动态

国外有关"Public Sports Services"的研究较早，相关研究主要集中在均等化、制度建设、供给模式和绩效评价等方面。

[①] 樊炳有. 体育公共服务的理论框架及系统结构[J]. 体育学刊，2009（6）：14-19.
[②] 郑家鲲. "十二五"时期构建我国公共体育服务体系的若干思考[J]. 成都体育学院学报，2011（12）：1-6.
[③] 秦小平. 中西方体育公共服务均等化环境研究[J]. 北京体育大学学报，2010（2）：15-18.
[④] 冯国有. 体育公共服务均等化及其财政政策选择[J]. 上海体育学院学报，2007（11）：26-31.
[⑤] 汤际澜. 公共体育服务的公共性研究[J]. 天津体育学院学报，2010（6）：510-514.
[⑥] 刘亮. 我国体育公共服务均等化的现状：基于资源配置的多维度分析[J]. 武汉体育学院学报，2012（12）：6-9.

关于均等化，1975年欧洲大众体育宪章（European Sport for All Charter）就提出了"每个人都应该拥有参与体育运动的权利"[①]；Kidd等[②]提出了"均等（equality）意味着一视同仁地对待每个人，公平（equity）意味着在承认不同人具有不同需要和兴趣的前提下使所有人获得合理的资源，因此对于公共体育服务均等化既要看到所有个体所应当拥有的权利和机会，也要看到不同个体所能够享有的服务会有所差异"。

关于制度建设，Savas[③]曾将公共服务制度安排划分为政府服务、政府出售、政府间协议、政府补助、合同承包、特许经营、凭单制、志愿服务等多种形式，因此西方学者也普遍认为政府的角色和地位是制度安排的核心，服务消费者、生产者和提供者之间利益关系的协调是重点，应将多样灵活的制度安排形式运用在各类公共体育产品和服务的供给中，将制度安排贯穿于服务产品的整个生产和提供过程，从财政投入到效果监管，用制度来保障供给的效率与公平。

西方国家在公共体育服务供给方面积累了大量的实践经验，西方发达国家公共体育服务供给模式大体分为四类：第一类：政府主导型模式，如新加坡；第二类：市场主导型模式，如美国；第三类：有限市场型模式，如法国、德国；第四类：有限政府型模式，如英国[④]。

西方学者在理论上更加关注体育权利、公共体育场地设施供给、公共体育场地设施享有和对公共体育政策的评价方面的研究；美国的"健康公民"计划、德国的"黄金计划"、英国的政府绩效评价制度、日本学校体育与社会体育共同发展模式，以及其他国家多个社会组织协同合作的方式得到了广泛的关注，这些发达国家的发展模式能够有力地推动公共体育服务均等化的实现。

---

① NAGEL, STUART S.Efficiency, effectiveness, and equity in public policy evaluation [J]. Policy studies review, 2008（6）：99-120.
② BRUCE K, PETER D.Human rights in sports [J].International review for the sociology of sport, 2000（2）：131-148.
③ ERKIP F.The distribution of urban public services: the case of parks and recreational services in Ankara [J].Cities, 1997（6）：353-361.
④ SHAW S.Touching the intangible an analysis of the equality standard: a framework for sport[J]. Equal opportunities international, 2007（5）：420-434.

3. 国内外相关研究动态述评

公共体育服务体系的构建、制度建设和均等化等方面的研究一直是国内外理论界关注的热点。近些年相关研究的关注面越来越宽，研究内容也越来越细，如国内在借鉴国外研究成果的基础上，一些研究开始涉及社会转型期的政府购买公共体育服务、社会组织参与公共体育服务、公共体育服务的供需关系、公民及非政府组织参与公共体育服务等方面，并开始关注少数民族地区、西部边远地区、弱势群体等某特定地区特定人的公共体育服务问题。

随着国内外相关研究的接轨，西方国家的研究成果及相关经验在促进我国公共体育服务发展方面起到了很大作用。但是我国是发展中国家，正处于社会主义建设初级阶段，现阶段的国情，特别是在我国新型城镇化建设的大环境下，国内学者范冬云[①]、李旭天等[②]、梁建勋等[③]已经开始从不同视角研究城镇化进程中的公共体育服务发展问题，可以说我国公共体育服务发展已离不开城镇化建设，深入研究二者之间的关系，并最大限度实现二者关系的协调发展应该成为研究我国公共体育服务发展的核心问题。

4. 问题的提出

城镇化是一个社会学概念，指伴随经济发展和产业结构变化，农业人口逐步转为非农业人口的过程。城镇化是我国经济社会发展战略、进程和实施效果的全面缩影。2013年中央经济工作会议就把"积极稳妥推进城镇化，着力提高城镇化质量"确定为年度经济工作的主要任务之一。2014年中央经济工作会议又提出："推进城镇化健康发展是优化经济发展空间格局的重要内容，要有历史耐心，不要急于求成"。可见当前我国的城镇化建设已经进入到了一个新型城镇化建设阶段，即重视城镇化质量建设的阶段。

城镇化质量是指在城镇化进程中与城镇化数量相对的反映城镇化优劣程度的一个综合概念，特指城镇化各组成要素的发展质量、协调程度和推进效率。

---

① 范冬云.中国城市化进程中的乡镇体育公共服务研究：基于广州市花都区新华街的实地调查[J].成都体育学院学报，2013（2）：6-9.

② 李旭天，吴建华，于中杰，等.城镇化进程中新疆生产建设兵团城镇体育公共服务研究[J].体育世界，2010（12）：53-54.

③ 梁建勋，王华，周光辉.城镇化进程中民族传统体育公共服务体系的构建[J].河北学刊，2014（9）：205-208.

从本质内涵上讲，城镇化质量包括城镇自身的发展质量、城镇化推进的效率和城乡协调发展程度3个方面。体育事业是社会主义公益事业，与城镇经济、社会和人口发展有着千丝万缕的联系，近年来理论界越来越重视体育在促进国家经济发展、社会建设及人的社会化等方面作用的研究，那么公共体育服务与城镇化质量之间到底存在怎样的关系，我们先关注以下3点。

首先，公共体育服务发展与城镇化建设速度不协调应引起注意。

相关研究指出，截至2012年我国城镇化水平已达到52.57%，可以说我国城镇化的发展速度惊人。但是这种高速的增长主要依靠外延式和粗放式的不科学和不合理的发展模式来支撑，伴随着经济的高速增长，城镇社会发展失衡问题逐渐加剧，各种社会矛盾不断显现[1]。以公共体育服务为例，政府对公共体育服务的投入力度不大，公共体育服务总量严重不足，没有形成财力与事权相匹配的财政体制，多数城镇政府公共体育服务供给能力较弱。

其次，公共体育服务结构不合理与城镇化功能不完善共存应引起关注。

近年来，随着我国经济社会的发展各级政府已不断加大对公共体育服务的投入，但是由于基础薄弱，政府所提供的公共体育服务还是难以满足大众日益增长的体育需求。同时我国城镇化功能还不够完善，基础设施建设落后，公共服务体系不完善。公共体育服务体系与城镇化功能的"双弱势"格局明显[2]。

最后，公共体育服务非均等化与城镇化质量不高相伴应引起重视。

从整体看，东部经济发达地区公共体育服务发展明显好于西部经济欠发达地区，且同一地区的不同城镇或同一城镇的不同社区，公共体育服务非均等化现象严重[3]。与此同时，我国的城镇化也存在着非常严重的质量低下问题，最突出的问题是"人口城镇化滞后于土地城镇化"。大量进城农民不能在城镇定居，不能享受市民待遇，难以真正融入城市，城乡二元结构尚未解决，又产生了城镇内部的二元结构[4]。

从上面的分析可以看出公共体育服务作为体育事业的一部分，也作为整个公共服务体系的一分子，与城镇化质量之间存在着紧密的关系，但是，公共体

---

[1] 陈明. 中国城镇化发展质量研究评述[J]. 规划师论坛，2012（7）：5-9.
[2] 麦肯锡. 迎接中国的城市化挑战[J]. 预测报告，2008（3）：59-63.
[3] 张利，田雨普. 我国体育公共服务均等化现状及发展对策研究[J]. 体育与科学，2011（9）：16-20.
[4] 谭可敏. 关于推进城镇化建设的几点思考[J]. 中国财政，2013（4）：42-43.

育服务在这个关系中到底发挥怎样的作用,以及如何发挥作用还未得到应有的重视。如果说经济、环境等要素是提升城镇化质量的"硬实力",那么公共体育服务则可以说是提升城镇化质量的"软实力"。在传统的城镇化发展方式代价越来越大、发展空间越来越小的情况下,公共体育服务在城镇化质量建设中愈发显示出"硬实力"不可替代的特殊作用。因此,在我国新型城镇化建设的大背景下,深入研究公共体育服务与城镇化建设之间的关系,特别是如何更好地发挥公共体育服务在促进城镇化质量提升中的作用,显得十分必要也十分迫切。这既可以使公共体育服务的发展内容、目标更加明确,进而更好地发挥公共体育服务在促进城市社区社会建设、维护社会稳定、推进人的社会化等领域中的多维功能,也可以使城镇化质量提升的辐射作用指向更加明确,从而突破现有的理念框架,为政府制定未来我国公共体育服务发展政策提供重要的理论依据和实践参考。

三、研究目标及重难点

1. 本研究的主要目标

目标一:城镇化建设必然会对城市公共体育服务发展所需要素的流动产生影响,并最终影响公共体育服务的发展;公共体育服务的发展必然会对城镇化进程所需软硬环境产生影响,并最终影响城镇化质量的提升。作为互动发展的两个主体,全面揭示二者之间的关系是本研究的研究目标之一。

目标二:公共体育服务在城镇化质量提升中发挥着不可替代的作用,全面把握公共体育服务促进城镇化质量提升的作用机制及实现策略,并以发展城市公共体育服务为切入点,研究如何大幅度提高我国城镇居民体质和健康水平,进而推动我国从体育大国向体育强国迈进,这是本研究的研究目标之二。

2. 本研究的重点与难点

(1)研究重点

①公共体育服务与城镇化质量之间的互动关系。

②公共体育服务促进城镇化质量提升的实现策略。

（2）研究难点

公共体育服务发展模式研究：不同地区的社区以及同一地区不同类型的社区情况各不相同，如何因地制宜为相关社区提出适宜的公共体育服务发展模式是本研究的难点。

四、研究计划

本研究工作按照理论准备、实践研究和理论升华3个阶段展开，具体技术路线如图1-1所示。

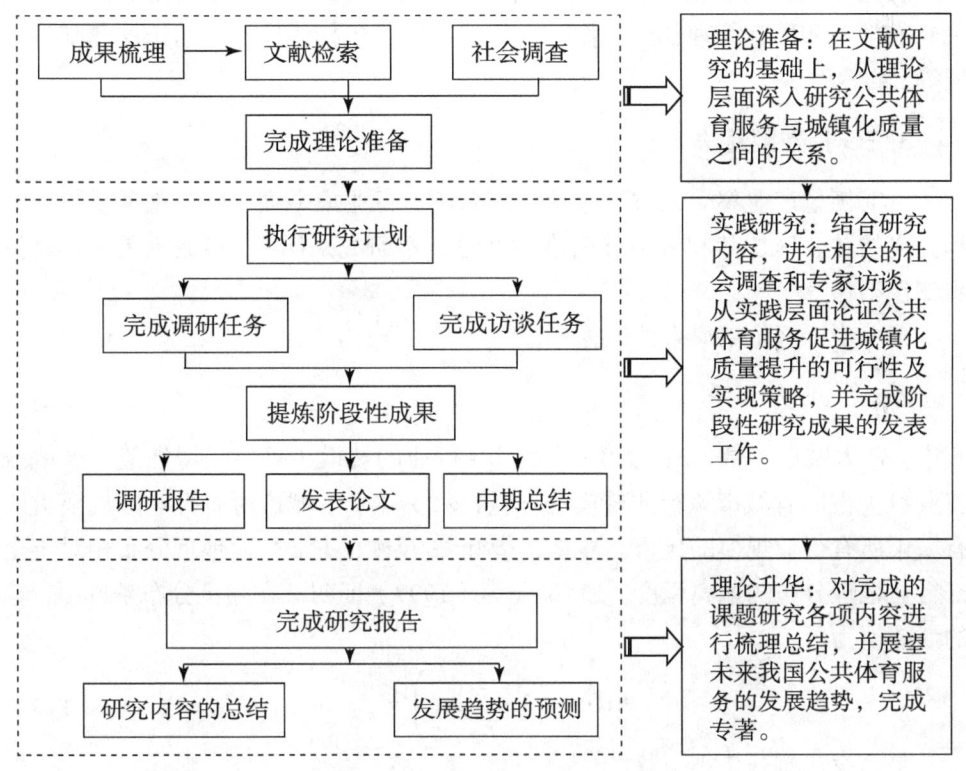

图1-1　本研究的技术路线

五、研究方法

1. 文献法

在具体的资料搜集和获取上,主要采用文献资料法。收集的资料包括:①有关公共体育服务研究方面的相关文献资料,如论文、论著、报纸及译著等;②有关城镇化质量研究方面的相关文献资料,如论文、论著、报纸及译著等。并从理论层面揭示公共体育服务与城镇化建设之间的关系。

2. 访谈法

制定《我国城市社区公共体育服务发展若干问题》的访问提纲,访谈相关专家学者和体育管理部门工作人员。访谈形式包括约谈、电话访谈和邮件访谈等。

3. EG 指数测量法

目前衡量产业集聚的方法包括:信息熵、行业集中度、区位基尼系数、空间分离指数、区位商和 Kernel 密度估计等。本研究采用 EG 指数测量法,具体步骤包括:

第一步:区位基尼系数计算

$$G_i = \sum_{r=1}^{R}(x_r^i - x_r)^2 \text{。} \qquad (1-1)$$

式中,R 为城市个数,X_r^i 为第 r 个城市 i 行业的规模(可以是增加值、产值或就业数)占所有城市该行业规模的比重,X_r 为第 r 个城市所有行业的规模占所有城市所有行业规模的比重。显然,指标 G_i 反映的是 i 行业地理分布相对于全部行业地理分布的偏离程度。Ellisson 等(1997)证明,在随机分布条件下,G_i 的期望值为:

$$E(G_i) = \left(1 - \sum_{r=1}^{R} X_R^2\right) H_i \text{。} \qquad (1-2)$$

第二步:赫芬达尔指数计算

计算行业 EG 指数需要先计算该行业的赫芬达尔指数 H,而我国并没有统计一个行业中各个企业的规模如职工人数等详细数据。我们采用杨洪焦(2005)的估算方法,假设在每个省,一个行业内的所有企业都具有相同规模,有如下估算公式：

$$H_i = \sum_{P=1}^{P} \frac{(X_p^i)^2}{C_p^i}。 \qquad (1-3)$$

式中，P 为省数，X_p^i 为第 P 个省 i 行业的规模占所有省该行业规模的比重，C_p^i 为第 P 个省 i 行业的企业个数。尽管这不是一个完美的估算方法，但已经是在现有数据可得性条件下最为准确额估算。

第三步：EG 指数计算

如果企业随机选择区位，而且区位选择相对独立，那么 γ 的期望值为零。这种情况下，自然、制度的优势或企业间能共享外部性对企业的区位选择没有影响。如果一个产业的 γ 值大于零，则表明该产业在空间上集聚，反之则分散。γ 值越大，集中度越高（$\gamma < 0.02$，$0.02 \leq \gamma \leq 0.05$，$\gamma > 0.05$）。

$$\gamma = \frac{G - \left(1 - \sum_{r=1}^{R} X_r^2\right) H_i}{\left(1 - \sum_{r=1}^{R} X_r^2\right)(1-H)}。 \qquad (1-4)$$

4. 社会调查法

制订相关计划、系统地收集我国公共体育服务发展现实状况。收集资料包括：① 有关公共体育服务的相关法律法规、政府文件等资料；② 金融统计数据。统计数据是对发展现状分析的重要基础，主要搜集包括国家和相关省的统计年鉴、统计公报等各种数据，如《中国统计年鉴》《中国体育年鉴》《体育事业统计年鉴》《中国教育年鉴》《中国教育统计年鉴》等。

第二章
本研究相关概念梳理

近几年,"公共体育服务"一词在政府部门体育工作报告中出现的频率越来越高。"十二五"期间,国家提出要以满足人民群众不断增长的体育需求为宗旨,以建设体育强国为目标,转变体育发展方式,建立覆盖城乡、可持续的公共体育服务体系,让体育回归民众,惠及公众生活。在我国进入新型城镇化建设阶段后,公共体育服务的发展与建设作为一项长期复杂的社会系统工程,如何与我国的新型城镇化建设相匹配,其结构组成与功能定位如何更好地促进城镇化质量的提升都需要深入的研究。

一、公共体育服务相关问题研究

(一)公共体育服务概念

公共服务,即公共物品和公共服务,包括公共基础设施建设、创造就业岗位、完善社会保障体系和社会福利体系,促进教育、科技、文化、卫生、体育等公共事业发展,还包括宏观调控、市场监管、发布公共信息等[①]。关于"公共体育服务"与"体育公共服务"的概念,多年来一直是学术研究的热点和争论的焦点。截至目前,无论是"公共体育服务"学派还是"体育公共服务"学

---

① 中国(海南)改革发展研究院.聚焦中国公共服务体制[M].北京:中国经济出版社,2006:296-300.

派在概念的界定上基本形成了"物品说"[①②③④]"利益说"[⑤]"职能说"[⑥]等观点。相关概念如，公共体育服务是指公共组织为满足公共体育需要而提供的公共物品或混合物品。公共体育服务是通过整合多种社会资源和社会力量，运用多种手段，以提供体育服务产品，实现公共体育礼仪的活动。公共体育服务是指公共体育服务组织和公共体育服务人员，为社会公众的体育活动所提供的体育产品和体育劳务。"实物形态"的体育产品和"非实物形态"的体育产品，都是以"体育劳动成果"为服务内容的服务产品，两者结合，构成体育服务，以此向社会公众提供"以服务形式存在的消费品"，以满足其欣赏和健身需要[⑦]。公共体育服务通常是由政府组织、非营利组织和企业承担供给，其中政府是公共体育服务的供给主体。本研究认同"职能说"，即公共体育服务是指满足公共体育需求所承担的服务职能。公共体育服务包括管理、组织、生产、供给、设施、保障等不同层面的内容。并且，公共服务本质上是一种职能，公共体育产品、公共体育设施、体育服务等器物层面的内容，只是职能的体现。

（二）公共体育服务的性质

对于公共服务或公共体育服务，在过去人们的意识中会习惯于将其与"无偿"提供联系在一起，也就是说，在人们的生活习惯中，公共体育服务应该是一种免费提供体育活动硬件、软件的过程。但是，就公共体育服务的性质而言，更主要的是强调其公众性和服务性，同人们一直以来所理解的"免费""无偿"和"义务"的体育服务有着根本上的区别。现今的公共体育服务有营利性

---

① 刘艳丽，姚从容.从经济学视角试论我国体育公共服务产业生产主体的多元化[J].西安体育学院学报，2004（9）：16-18.
② 肖林鹏，李宗浩，杨晓晨.公共体育服务概念及其理论分析[J].天津体育学院学报，2007（2）：97-101.
③ 郇昌店，肖林鹏.我国公共体育服务概念的辨析：兼与范冬云先生商榷[J].西安体育学院学报，2011（5）：305-308.
④ 周爱光.从体育公共服务的概念审视政府的地位和作用[J].体育科学，2012（5）：64-70.
⑤ 刘亮.我国体育公共服务的概念溯源与再认识[J].体育学刊，2011（5）：34-40.
⑥ 王家宏，李燕领，陶玉流.我国公共体育服务体系：过程结构与功能定位[J].北京体育大学学报，2014（7）：1-7.
⑦ 闵健，李万来，刘青.公共体育管理概论[M].北京：北京体育大学出版社，2005：163-164.

公共体育服务和非营利性公共体育服务之分。以营利性为目的的公共体育服务，具有商业性和经营性体育服务性质，这种公共体育服务组织多为体育产业组织，他们通过提供健身服务与咨询，进行体育中介，策划竞赛表演等公共体育服务产品来实现营利的目的，经济属性较为明显。以非营利为目的的公共体育服务，更加突出服务的公众性和服务性。这种公共体育服务也并不是完全"无偿"的，只是其重心不在经营而在管理。即通过有效的管理提供多样性的、高质量的服务，以最大限度地满足社会大众的公共体育服务需求，公益属性较为明显。在我国，政府是公共体育服务供给的主体，政府的属性决定了政府提供的公共体育服务具有明显的公共性，其主要任务是保障公众的体育公共利益和体育公共需求，确保公众最基本的、最根本的公共体育服务享有权[①]。但是政府并不是向公众提供公共体育服务的唯一主体，近些年为了满足不同层次人群的公共体育服务需求，一些社会组织、私人组织已经开始大量地为某些特定人群提供公共体育服务，而这些服务的提供往往是以营利为目的。因此，公共体育服务既具有公共性，也具有营利性。

（三）公共体育服务的内容

从宏观层面看，公共体育服务主要包括保障性公共体育服务和发展性公共体育服务两部分。其中，保障性公共体育服务提供的服务主要是为提高国民身体素质开展的国民体质监测等服务。发展性公共体育服务又包括准保障性公共体育服务和经营性公共体育服务两部分：准保障性公共体育服务是提供满足人民群众体育健身需求的、需要政府扶持的服务；经营性公共体育服务是提供体育休闲娱乐、体育竞赛表演、体育用品消费、体育中介等的体育产业服务[②]。从微观层面看，公共体育服务的内容十分广泛，基本涵盖了群众体育服务、竞技体育服务和体育产业服务等 3 个大的方面。由于这 3 个方面又具有各自的特点，所以在具体的提供服务过程中，对它们的服务范围、方式以及服务的形式都要加以区别对待，这也是研究公共体育服务内容的关键。

---

① 姚绩伟，丁秀诗，梁金辉，等.不同认识视角下的社区体育公共服务基本属性研究[J].漳州师范学院学报（自然科学版），2013（4）：68–72.
② 陈振明.公共服务导论[M].北京：北京大学出版社，2011：52–53.

1. 群众体育服务

（1）群众体育服务范围

群众体育服务主要涉及广大人民群众的体育服务，其服务范围主要包括：制定群众体育服务发展战略；规划建设公共体育服务设施；建立群众性公共体育服务组织；协助举办群众性体育比赛，组织群众性体育健身活动；提供各类体育教育产品，如健身指南、锻炼计划等；监管群众公共体育服务领域内非公共产品的提供；建立和完善群众公共体育服务的法律体系。

（2）群众公共体育服务管理

群众体育服务是公共体育服务最主要的组成部分，群众体育服务是竞技体育服务和体育产业服务得以开展的基础，同时，与竞技体育服务和体育产业服务相比较，群众体育服务的公共性也最为明显。群众体育服务管理组织主要包括：政府体育组织和社会体育组织。其中政府体育组织的主要职责是，进行公共体育服务基础设施建设，提供体育教育服务，为大力促进群众性体育事业的发展提供政策支持，并建立和完善群众体育服务的相关法律法规；社会体育组织的主要职能是，承担体育服务具体的事务性工作，组织开展各种群众性体育活动。我们对群众体育服务管理的划分包括：政府体育组织和社会体育组织，这与中央提出的"坚持政府为主与社会参与"的构想基本一致，也符合建设公共服务型政府的发展要求。

（3）群众体育服务效果的影响因素

群众体育服务的影响因素很多，目前的研究显示主要集中在以下两个方面：①群众体育组织作用不强、市场不灵与政府体育组织事务过多的矛盾是制约群众体育服务发展的一个主要因素。自新中国成立至20世纪90年代我国长期实行计划经济，一切事物包括体育都被纳入到政府的计划之中，政府包揽一切权力，承担一切义务，社会体育组织没有权力，基本不承担任何体育任务，发展停滞、力量薄弱，限制了群众体育服务的快速发展。目前，政府认识到了"一家独大"的后果，为顺应体育事业发展的规律，开始尝试体育事业的管办分离，即政府不再大包大揽，而是把有限的精力集中到具有公共性的服务事务上来，以往大量的事务性工作逐渐向市场和社会参与转移，最大限度地发挥市场和社会的力量。②城乡二元结构是制约我国群众体育服务发展的另一个主要因素。在我国经济社会发展过程中形成的城乡二元结构，在群众体育服务上显著地表现为，城市的群众体育服务体系相对完备，农村地区的群众体育服务体系尚未建立，这就形成了城乡居民难以均等地享有群众体育服务的权利。城镇化质量提升的一个重要指标就是城乡协调发展，但这是一个复杂而长期的过程，因此，这种城乡二元结构造成的群众体育服务的二元结构，也将是一个长期的过程，而这个长期过程必将影响群众体育服务的快速发展。

2. 竞技体育服务

（1）竞技体育服务的范围

竞技体育也有其公共属性，竞技体育的服务范围包括：整合竞技体育资源；制定竞技体育发展战略；组织和协办国内外重大体育比赛；竞技体育运动科学训练方法的探索；制定体育竞赛标准；监督竞技体育领域非公共产品的提供；完善竞技体育服务的法律体系。

（2）竞技体育服务的管理

政府体育组织和社会体育组织在竞技体育服务的管理上，都发挥着重要的作用，参与管理的方式不同，仍是两者的主要区别。以往，竞技体育服务更是政府一家在办，从运动员的选拔到培养，从各类比赛的安排到举办，都是政府体育组织负责。群众体育组织要么不参与，要么参与也是挂靠在政府体育组织之下，出现"一套班子，两块牌子"的局面，可谓名存实不存。在竞技体育服务管理上，一直呈现出"政府强，社会弱"的局面。随着现代竞技体育服务的科学化发展，社会体育组织要承担起更多竞技体育服务发展的责任，在竞技体育服务管理方面发挥更大的作用。政府体育组织应转型成为宏观管理者，应更加倾向于提供制度性产品，注重规划竞技体育的发展战略和制定体育竞赛的规则标准等。

（3）影响竞技体育服务的因素

政府体育组织与社会体育组织之间的协调问题依然是影响竞技体育服务的主要因素，二者关系协调则服务于竞技体育服务发展，二者关系不协调则限制竞技体育服务发展。我国竞技体育在计划经济体制下实行"举国体制"，这是因为，新中国成立初期国内各种资源有限，实行"举国体制"是我国体育事业发展的唯一出路，竞技体育也是该体制的最大受益者。必须承认体育事业的发展必须以经济社会的发展为基础，脱离了经济发展的体育将是无源之水，但是随着社会主义市场经济体制的建立，资源高度集中的单一发展模式必将导致体育事业的不均衡发展，因此，"举国体制"已经不能适应社会发展的需要了。市场经济体制下的体育事业的发展，特别是公共体育服务领域政府包办一切的时代已经过去了，我们应该对政府包办一切体育事务进行重新认识，而这个新的认识必将对政府在体育事业发展中的作用进行重新定位。新时期政府体育组织的作用应该是宏观方面的，如调配体育资源，调动全社会各方面利益主体的积极性，构建由社会各方面参与竞技体育服务的新模式。

3. 体育产业服务

（1）体育产业服务的范围

体育产业的快速发展始于 20 世纪 50 年代的西方市场经济国家。我国的体育产业主要由体育健身娱乐业、体育竞赛表演业、体育彩票、体育新闻传播等行业组成。体育产业服务与以上各相关行业紧密相连，其服务范围包括：制定体育产业中各个相关产业的发展计划；为体育产业发展提供政策类和咨询类产品；完善体育产业法规体系；依照相关法律法规对体育产业及相关行业进行监督管理；为体育产业的从业人员提供相关教育类产品等。

（2）体育产业服务的管理

体育产业作为第三产业的重要组成部分，占国民生产总值的比重在不断增加，体育产业在加快流通、促进经济增长等方面发挥着其他产业无法替代的重要作用。体育产业服务管理过程中，政府体育组织与社会体育组织应该分工明确，协同合作。政府体育组织不应直接介入体育产业产品服务之中，而应通过提供公共体育政策产品间接参与体育产业管理。为维护体育产业服务的正常组织运转，社会体育组织在不以追求经济利益为目的的前提下，可以提供相关的体育产业服务。

（3）影响体育产业服务的因素

目前，体育产业在我国的发展历史同西方发达国家相比还很短，体育产业宏观的政策环境和微观的经济环境都还有待于进一步完善。但是，随着我国政府部门转型以及政府体育部门改革工作的逐步推进，政府在体育产业服务上可以更多地运用经济、法律等手段，进行宏观调控，这将为未来我国体育产业服务提供一个良好的契机和开端。

（四）公共体育服务在社会发展中的地位和功能

公共事业的发达程度，是一个国家现代化和民主化进程的显著标志。越是发达的社会，公共事业部门就越有可能成为与营利部门和政府部门并立的、具有相对独立性和自治性的充满生机和活力的社会部门。所谓独立和自治，是指公共事业部门既不依附于营利性组织，其内部的体制和运行机制不受市场原则的支配；也不是政府部门的附属物，其内部事务不受政府自上而下的行政管理体制的支配。公共事业部门独立于政府和营利性组织之外，按照公共事业部门特有的原则、方式和规范实行部门内的治理与管理。目前我国还没有独立的公共体育服务机构，履行公共体育服务职责的多是政府机构或政府机构的下设机构。从形式上来看还未实现独立与自治，其内部的体制和运行机制多表现为政府部门的附属物，其内部事务主要受政府自上而下的行政管理体制的支配。

未来在中国，随着改革进程的推进，政府部门一统天下的局面，逐步让位于同营利性的市场部门并存的二维格局；公共事业部门的兴起意味着新的三维体制格局在中国开始形成。这三大部门的并立，是中国社会发展的需要，也是势所必然的结果。作为中国全面改革过程中的一个重要组成部分，中国公共体育服务机构的组织建设，既是在社会领域里对旧的计划体制的变革，也是前所未有的组织制度创新。公共体育服务在社会发展中的功能可归结为以下几个方面：第一方面是资源整合；第二方面是社会主义经济建设的主力军；第三方面是社会问题处理的润滑剂；第四方面是政府职能转化的催化剂；第五方面是对供给主体行为的激励与约束功能。

1. 资源整合作用

根据公共体育的公共性和服务性的特质，公共体育服务的服务对象是广大人民群众，因此，其提供的公共性服务在新型城镇化建设进程中必然发挥积极的作用。新型城镇化建设的一个重要目标就是满足人们日益增长的物质和文化需要，公共体育服务也在这个范畴之中。如何最大限度地满足人们对公共体育服务的需求，就需要实现公共体育服务资源的有效整合。公共体育资源整合就是要优化资源配置，实现整体的最优，并最大限度地满足公众公共体育服务的需求。无论是经济建设，还是社会文化建设，都是公共体育事业发展关注的核心和根本任务，都是为了适应和满足社会大众的需求。总的来说，公共体育服务资源整合就是推动公共体育资源的社会化、市场化以及民主化进程，进一步健全和完善"政府推动、市场拉动、部门联动、城乡互动、典型带动、全民齐动"的运行机制，积极整合政府的政策资源和经费资源，落实公共体育服务的"科学发展观"，实现亲民、便民、惠民、利民的总体要求，进而提高全民的体育素质和健康水平，这也是公共体育服务的最高任务。

发展公共体育服务应以广大人民需求为出发点，始终坚持发展为人民的信条，制定适合人全面发展的发展策略，多办利民之事，才能更好地服务国家社会发展的需要。实现公共体育服务资源的有效优化主要需通过以下3个方面的努力：一是，能够通过建立资源共享机制，强化对体育系统内部场馆资源和社会学校场馆资源的整合，满足人民群众健身锻炼的需求；二是，实现地方财政在公共体育资源配置过程中投入比例的加大，提高供给效率，使其能够提供符合当地居民需要的公共体育服务；三是，公共体育服务体系制定鼓励公民参与社会体育指导员队伍的相关制度，并使之制度化和常规化。并且，重视提高公共体育工作者素质的教育和培养，注重调动人的工作积极性，发挥人的潜力[1]。

2. 社会主义经济建设的主力军

在国外，非营利组织在很大程度上是在志愿者的推动下进行运作的。据统计，有上亿美国人是在非营利机构工作的志愿者，他们平均每周工作3小时，并将工作看成追求成功、自我实现的以及成为有意义的公民的必要途径。志愿者的投入不仅极大地增强了非营利机构的运营活力和实力，而且还营造出关心他人、热心公益的良好风尚，更重要的是通过志愿服务的表率作用，密切了社会人际关系，促进了社会和谐、文明、进步和社会稳定，为人们全身心地投入到社会经济工作中奠定了基础。这其中也包括公共体育服务的作用，公共体育服务事业的发展，可以有效启发、教育、引导和协商各界社会大众参与到公共体育事务中来，进而间接地培养和激发公民的社会责任感和自立自主意识，促使其积极地投入到社会主义经济建设的工作中去。

---

[1] 王家宏，李燕领，陶玉流. 我国公共体育服务体系：过程结构与功能定位 [J]. 北京体育大学学报，2014（7）：1-7.

3. 社会问题处理的润滑剂

就业、环保、健康保健等问题都是中国社会发展过程中遇到的主要社会问题，企业因追求利润最大化的本质和价值取向，在解决这些问题时有很大的局限性。近些年来，各级政府为解决这些问题采取了各种措施，不同程度地付出了努力，但迄今为止，这些问题大都仍相当严重。通过公共事业部门参与有关活动，让它们与政府结成合作伙伴，无疑有助于推动这些问题的解决。

公共体育服务事业的发展在社区建设、社会福利、环境保护、再就业、卫生保健以及人口控制等各领域发挥的作用越来越被社会各界所重视。比如，如果公共体育服务发展成为我国一个举足轻重的产业，那么在许多产业服务领域，公共体育服务所提供的服务都将占有相当大的比例。那时整个社会的公共体育服务事业就会成为吸纳就业的一个重要渠道。

4. 政府职能转化的催化剂

公共体育服务的成效集中体现在服务的有效性上，有效的服务集中体现了公民满意的评价。并且，公共体育服务体系以民为本，实现公共体育服务供给方式和手段的创新和再造，需要基于市场经济发展的要求引入市场竞争机制，营造和发展政府与社会、上级政府与下级政府间公共体育服务的协作机制，进一步完善政府在公共体育服务提供过程中的责任机制。因此，适宜的政策环境是公共体育服务体系服务功能得以实现的关键条件。这就需要政府的职能必须适应当前公共体育服务赖以发展的市场经济条件。

为了适应建立市场经济体制的需要，中国政府正在重组机构，转变职能，分流人员，致力于建立起一个廉洁而高效的政府体制。由于政府机构改革的重点是转变政府的职能，改变政府职能的途径是权力下放。政企分开、政事分开和政社分开。因此，政府行政体制的改革如同经济体制改革一样，主要是调整政府与市场、政府与社会的关系，以为中国公共事业的发展提供更广阔的空间。在非政府、非企业的社会领域中建立和发展各类社会服务组织并承担起一部分过去政府一手承担的社会职能，将是政府机构改革和政府职能转换得以成功的重要条件[1]。

---

[1] 冯云廷, 陈静. 中国公共事业管理体制改革研究 [M]. 沈阳: 东北大学出版社, 2003: 28-30.

公共体育服务事业在这方面可以大有所为。政府正确的导向可以确定整个公共体育服务体系运行的发展方向和目标，而"以公众为导向"则是公共体育服务体系科学发展和政府体育职能部门职能转变的必然选择。实现"公共体育服务均等化"，即让公民拥有平等获得公共体育服务功能的权利，让公共体育服务共享功能的覆盖范围进一步地延伸和放射，需要政府决策权力下放，扩大公众参与度，即提供什么样的公共体育服务和如何提供公共体育服务均依据公众意见进行。在这个过程中政府的职能也随之出现转变，由原来的独断专行逐渐向重在监管转变。

5. 对供给主体行为的激励与约束

公共体育服务的激励与约束功能主要体现在保证公共体育服务供给的数量与质量方面。公共体育服务的发展过程在不断为决策者提供参考的同时，也将评价结果反馈给了被评价对象，使其明确工作中的长处和短处。正面的评价结果可以激发被评价者的主动性，促使其以更高的效率努力工作；负面的评价结果可以警醒被评价者，促使其进行改进。社会公共体育服务作为一个系统组织，通过政策导向，激励各种供给主体积极主动地依法行使其权利，在法律允许的范围内获得与之相关的最大受益。并能够做到禁止性和允许性条款规定相结合，充分发挥其激励与约束功能，为公共体育服务的快速发展提供有效调控和保障。

二、城镇化质量相关问题研究

（一）城镇化的特征

我国实行改革开放政策以来，城镇数量不断增加，城镇规模不断扩大，城镇化作为一种社会发展现象，既是物质文明进步的具体体现，也是精神文明前进的动力源泉。城镇化的过程表现为，农村人口不断向城镇转移，第二产业、第三产业不断向城镇聚集，从而使城镇数量增加、城镇规模扩大的一种历史过程。在这个过程中城镇化发展特征主要表现在两个方面：一方面表现在人生存地理位置、生存空间的转移，以及职业的改变和由此引起的生产方式与生活方式的演变；另一方面则表现为城镇人口密度增加，生活空间压缩、城镇规模不断扩大、文化空间不断拓展,以及城镇经济社会发展层次、现代化水平和集约化程度的提高[1]。

(二)城镇化质量概念

城镇化质量是一个综合概念,迄今为止还没有形成统一的定义。张春梅等[2]认为,城镇化质量是一个内涵丰富的综合性概念,能够全面地反映城镇化发展进程,具体涵义包括城镇的经济发展质量、城镇居民的生活质量、城乡统筹质量和可持续发展质量等4个方面。郭叶波[3]的研究认为,城镇化质量可简单地理解为城镇化推进过程和发展成果能满足城乡居民不断增长的物质文化需求的程度。城镇化质量是城镇化进程中与城镇化数量相对的反映城镇化优劣程度的一个综合概念,特指城镇化各组成要素的发展质量、协调程度和推进效率,在城镇化质量评价研究中,不仅要考虑城市发展质量,还要考虑城乡协调;不仅要考虑城镇化带来的文明成果,还要考虑为此付出社会、经济、环境等方面的代价。沈正平[4]的研究认为,城镇化质量建设是一项复杂工程,就一个国家和地区而言,其涉及经济发展、社会进步、生活方式改变、基础设施完善、人居环境改善、城乡区域协调发展等方方面面。以上的研究虽然对城镇化质量的概念并未统一,但城镇化质量的内涵包括经济发展水平、产业结构、科教文卫事业、基础设施建设、环境保护、社会保障体系、城市管理等,得到了广泛的认可。因此,本研究认为,城镇化质量是指在城镇化进程中与城镇化数量相对的反映城镇化优劣程度的一个综合概念,特指城镇化各组成要素的发展质量、协调程度和推进效率。从本质内涵上讲,城镇化质量包括城镇自身的发展质量、城镇化推进的效率和城乡协调发展程度3个方面[5]。

---

[1] 肖丽. 城镇化建设与城市休闲体育的互动研究:以河南省为例 [J]. 重庆科技学院学报,2010(3):114–116.
[2] 张春梅,张小林,吴启焰,等. 城镇化质量与城镇化规模的协调性研究:以江苏省为例 [J]. 地理科学,2013(1):16–22.
[3] 郭叶波. 城镇化质量的本质内涵与评价指标体系 [J]. 学习与实践,2013(3):13–19.
[4] 沈正平. 优化产业结构与提升城镇化质量的互动机制及实现途径 [J]. 城市发展研究,2013(5):70–75.
[5] 陈明,张云峰. 城镇化发展质量的评价指标体系研究 [J]. 中国名城,2013(6):16–22.

(三)城镇化质量建设中的关键问题

随着城镇化质量建设被提上日程,政府决策部门和学术界对城镇化质量建设问题的关注度越来越高,关注点主要集中在以下3个方面。首先,城镇化质量建设的内涵方面。郭叶波[1]的研究认为城镇化质量既包括城镇化核心载体的发展质量,也包括城镇化域面载体的发展质量,还包括两者之间的协调互动关系。从构成要素看,城镇化质量又可分为人口城镇化质量、经济城镇化质量、社会城镇化质量和空间城镇化质量。赵泽林[2]的研究指出一个区域的城镇化发展,必须要同时关注两个方面:一是"城镇方面"的发展,诸如支柱产业、土地问题、城市规划管理问题、环境问题、人文问题等;二是城镇化的"非城镇方面",即农村问题。其次,城镇化质量建设中存在的问题方面。陈明等[3]的研究中指出有关城镇化质量问题的相关研究论题主要有:城镇化进程中的"土地城镇化"快于"人口城镇化"问题、农民工的"半城市化"问题、城市"蚁族"问题、"城市病"问题、公共服务和基础设施的结构性矛盾问题、环境退化问题等。在城镇化质量评价研究中,不仅要考虑城市发展质量,还要考虑城乡协调;不仅要考虑城镇化带来的文明成果,还要考虑为此付出社会、经济、环境等方面的代价。张春梅等[4]的研究指出中国城镇化滞后于经济发展,但滞后程度较小且存在着东西空间分异、城镇化与生态资源环境发展不协调或是处于低度协调、城镇化快速发展的同时伴随着土地资源的低效利用、城镇化质量总体水平不高的问题。沈斌华[5]的研究认为如果忽视质量,便不可能实现城镇化的目标,会造成人均GDP、城镇居民可支配收入、城镇就业率较低以及城镇环境恶化的现象。杨重光[6]的研究指出城镇化质量低下体现在很多方面:大量进城农民不能在城镇定居,不能享受市民待遇;城乡差距仍在不断扩大;城乡二

---

[1] 郭叶波.城镇化质量的本质内涵与评价指标体系[J].学习与实践,2013(3):13-19.
[2] 赵泽林.理性看待城镇化:质量先行[J].中国集体经济,2008(7):48-49.
[3] 陈明,张云峰.城镇化发展质量的评价指标体系研究[J].中国名城,2013(6):16-22.
[4] 张春梅,张小林,吴启焰,等.城镇化质量与城镇化规模的协调性研究:以江苏省为例[J].地理科学,2013(1):16-22.
[5] 沈斌华.城镇化应重视质量:内蒙古城镇化进程反思[J].广播电视大学学报(哲学社会科学版),2004(1):62-65.
[6] 杨重光.警惕城乡二元结构演化为城市二元结构[J].城市评论,2005(6):1-3.

元结构尚未解决,又可能产生城市内部的二元结构;资源浪费、环境污染问题仍然突出;小城镇发展缺乏活力等。最后,城镇化质量的评价方面。郝华勇[①]的研究从经济绩效、社会发展、生态环境、居民生活、空间集约、统筹城乡指标7个方面构建省域城镇化质量评价体系,从另一个侧面揭示了城镇化质量内涵。朱洪[②]的研究从宏观和微观两个角度全面分析了山东省城镇化发展质量。在宏观层面,运用判断城镇化质量的3个宏观判据,总体上判断了全省城镇化质量所处的基本阶段;在微观层面,通过建立城镇化发展质量评价指标体系,计算出各市城镇化质量指数,据此分析了各市城镇化质量存在的问题及发展方向。王德利等[③]的研究构建了首都经济圈城市化发展质量的分要素测度模型和分段测度模型,对首都经济圈城市化发展质量的阶段性特征、空间分异特征、分类特征、协调性特征做了总体评价。韩增林等[④]的研究从经济发展、基础设施、就业、居民生活、社会发展、生态环境、用地质量、创新质量和城乡协调等10个方面,构建了城市化质量的综合评价指标体系。耿海清等[⑤]的研究采用全局主成分分析方法,共提取了3个主成分,分别反映人口结构及城市景观变化、城镇居民收入及消费水平、城市基础设施建设方面的信息。

概而言之,以上的研究从不同视角,运用不同学科知识对我国城镇化质量进行了深入的研究,如从经济学理论出发研究经济城镇化、从社会学理论出发研究社会城镇化、从地理学理论出发研究空间城镇化、从人口学理论出发研究人口城镇化等。虽然视角不同,但是却给我们勾勒出城镇化质量的基础是经济发展水平,城镇化质量的标志是社会发展水平,城镇化质量的重点是环境发展水平的理念。因此,我们可以确定,在城镇化质量建设中经济、社会、人口和空间的城镇化水平是城镇化质量建设要解决的主要问题。

---

① 郝华勇.基于主成分分析的我国省域城镇化质量差异研究[J].中共青岛市委党校青岛行政学院学报,2011(5):27-29.
② 朱洪.山东省城镇化发展质量测度研究[J].城市发展研究,2007(5):37-43.
③ 王德利,赵弘,孙莉,等.首都经济圈城市化质量测度[J].城市问题,2011(12):16-22.
④ 韩增林,刘天宝.中国地级以上城市城市化质量特征及空间差异[J].地理研究,2009(11):508-514.
⑤ 耿海清,陈帆,詹有卫,等.基于全局主成分分析的我国省级行政区城市化水平综合评价[J].人文地理,2009(5):47-50.

（四）城镇化质量评价指标

城镇化质量的评价应基于城镇化质量的概念，从城市自身的发展质量、城镇化的推进效率、城乡协调的程度等 3 个方面出发，有学者从人口转化、经济增长、基础设施建设、社会发展、环境改善、城乡协调和安全等 7 个层面对城镇化质量进行评价，朱洪祥等[1]的研究从人口就业、经济发展、城市建设、社会发展、居民生活、生态环境等 6 个方面对城镇化质量进行评价，如表 2-1 所示。虽然在各种评价体系中所选指标差异较大，但是，部分敏感指标基本一致，如人口方面的非农产业从业人员比重（第三产业从业人员比重）、经济发展方面的第三产业增加值占 GDP 比重等。

表 2-1 城镇化质量评价指标体系

一级指标	二级指标	三级指标		
城镇化质量指数	人口就业	人口集聚	就业结构	
	经济发展	发展水平	开放程度	经济效率
	城市建设	城建投入	市政设施	
	社会发展	社会服务	科教水平	社会安全
	居民生活	生活质量	保障水平	
	生态环境	环境质量	污染控制	

注：数据来源于朱洪祥等（2011）。

三、城镇化质量建设进程中的体育元素

通过上面的研究我们得出，与城镇化建设紧密相关的经济发展、社会进步、生活方式改变、基础设施完善、人居环境改善、城乡区域协调发展等方方面面，都与城镇化质量建设息息相关。那么，在城镇化建设进程中相关的体育

---
[1] 朱洪祥，雷刚，吴先华，等. 基于预警指标体系的城镇化质量评价：对山东省城镇化质量评价体系的深化[J]. 城市发展研究，2011（12）：7-12.

元素如何体现，它们在城镇化质量提升中又发挥着怎样的作用值得思考和研究。

（一）城镇经济发展中的体育元素

1. 城镇化会创造出更多的体育消费需求

截至 2012 年，我国的城镇化率已经与世界平均水平相当，达到了 52.57%，但是与发达国家 80% 左右的城镇化水平相比，我国的城镇化率仍有较大的发展空间，潜力依然巨大。有研究表明，城镇化发展带来的人口以及各种资源的集聚，也能够促进消费需求的集聚。城镇化发展的核心内容之一就是人口城镇化，广大农业转移人口在城镇逐步实现的安居和乐业就是人口城镇化的具体体现，随着人口城镇化进程的深入，这部分转移人口的生活方式会随之改变，追求健康、追求生活质量的理念会越来越强烈，随之而来的是这些人口蕴藏的消费潜力，特别是体育消费潜力就会被释放出来，就会大大提高人们对体育服务的有效需求；同时，城镇化的发展将会改变农民的生产方式，进而提高他们的收入，而这必然会提高农民的消费水平和消费层次，会把农村潜在的体育消费市场变成现实的公共体育服务消费需求。因此，随着城镇化的推进，会进一步开拓城乡两个市场，扩大体育消费需求，进而间接地拉动经济的增长。

2. 城镇化会创造出更多的投资机会

城镇化的发展会促进城镇基础设施等的建设，具体包括体育设施建设、健身步道建设、健身长廊建设、社区健身点的建设等，必将会拉动相关产业的投资，助推经济的快速增长。随着体育消费需求的增加，私人投资也会越来越活跃，如投资私人健身俱乐部、游泳馆、羽毛球馆等。因此，以私人投资公共体育服务事业驱动为导向的体育经济发展模式是其对经济增长直接促进的具体体现，也是推动经济城镇化发展的又一诱因。

3. 城镇化能够有效推动经济结构的调整和优化

目前，我国经济发展面临的一个重大课题就是经济结构还有待调整，各种资源配置还有待优化，但历史长期积累下来的结构性问题仍然比较突出，我国经济结构战略性调整成效的效果显现还需时日，因此，经济发展结构性问题还将长期制约着我国经济的快速增长。这就要求我们在做稳第一、第二产业的同时，大力发展以服务业为龙头的第三产业，而城镇具有的极强的聚集效应和辐射作用，正可以促进资源的优化整合，引导生产要素的合理流动，进而促进第三产业的快速发展。作为第三产业一分子的体育产业也必将发挥其特有的作用[①]。

综上所述，城镇化能够创造更多的体育消费需求、提高体育经济投资总量、通过发展第三产业来调整经济结构，是体育经济发展的基础力量，也是公共体育服务发展的前提。因此，城镇化质量建设进程中各处都体现着丰富的体育元素，城镇化质量的提升是城镇公共体育服务发展的动力，公共体育服务的发展又是城镇化质量提升的具体体现。

（二）城镇社会文化活动中的体育元素

1. 基本概念

社会文化活动是指，与基层广大群众生产和生活实际紧密相连，在一定区域、一定条件下社区成员共同创造的具有地域、民族或群体特征的精神财富及物质形态，并对社会群体施加广泛影响的各种文化现象和文化活动的总称。它包括文化观念、价值观念、精神、道德规范、行为准则等[②]。

2. 体育在社会文化活动中的作用

社会文化活动以提高人民生活质量，满足人民群众的文化需求；提高基层群众基本文化权益，促进人的全面发展；巩固文化大发展、大繁荣的群众基础，促进政治、经济和文化的协调发展为根本目的。社会文化活动直接关乎广大人民群众的身心健康，是惠及千家万户的民生事业。公共体育服务为社区居民提供参加体育活动的平台，是社会文化活动的重要组成部分。社会文化活动中的体育元素主要表现在以下几个方面：

①城镇社区建有的各类健身器材、健身路径、健身广场为社区居民提供了较好的锻炼、休闲的硬件条件，同时，各社区之间、社会单位之间、企事业单位之间都最大限度地实现联动，相互促进与优化，实现了体育资源共享，达到了体育强身健体、共建和谐社会的目的。因此，在社区文化建设方面，不断完善的公益性群众体育设施，逐渐被充分利用的健身路径、活动室、社区广场等

---

① 范虹珏，刘祖云. 中国城镇化空间发展态势研究：基于人口、土地、经济城镇化协调发展的视角[J]. 内蒙古社会科学（汉文版），2014（1）：95-100.

② http://baike.so.com/doc/5971949-6184908.html.

体育文化活动设施，各类文体、娱乐活动的丰富开展，都最大限度地体现出体育在促进社会主义精神文明建设中的作用。

②目前很多社区结合自身的特点，组建起来的具有明显民族特点的腰鼓队、太极拳剑队、舞蹈队、川牌队、乒乓球队、健身操队、象棋队等以体育活动为载体的队伍，除了丰富了社区居民的文化生活外，还增强了居民对社区的认同感和归属感，对改善社区的文化氛围、凝聚社区的民心、提高社区文明程度都有显著的作用。

③在社区公共体育服务方面，随着社区公共体育服务的社会化，社区公共体育服务功能由单一向综合、由粗放向集约转变，由无偿性、互助性服务向作为第三产业社区服务业延伸发展。在全面提升城镇化质量和水平中所起的作用越来越大。

四、城镇公共空间建设过程中的体育元素

（一）公共空间

公共空间，狭义是指那些供城市居民日常生活和社会生活公共使用的室外及室内空间。其中，城市公共空间一般是在城市经济与社会发展的过程中，由于居民生活的需要逐步建设形成。室外部分包括街道、广场、居住区户外场地、公园、体育场地等；室内部分包括政府机关、学校、图书馆、商业场所、办公空间、餐饮娱乐场所、酒店民宿等。广义上，公共空间不仅仅只是个地理的概念，更重要的是进入空间的人们，以及展现在空间之上的广泛参与、交流与互动。这些活动大致包括公众自发的日常文化休闲活动和自上而下的宏大政治集会。城市公共空间除有各种使用功能要求外，其数量与城市的性质、人口规模有紧密关系。城市人口越多，城市公共空间的需求量就越大，功能也更复杂。城市人口规模大，也有条件设置更丰富的公共空间[①]。

（二）城镇公共体育空间

城镇公共体育空间就是在城镇中的社区、公园、广场、街道等一切不影

---

① http://baike.so.com/doc/6578882-6792650.html。

响其自身用途与秩序的开放性公共场所，公众不受背景、年龄、职业等的限制，可以自由进入、自发参与和体育运动相关的健身、娱乐、休闲等活动的场所[①]。城镇公共体育空间是由城镇政府主导或直接提供的可供居民进行体育活动的场所。"公共性"是城镇公共体育空间的本质特征，也是区分私人和不是由政府直接或间接提供的城镇体育空间最主要的依据。城镇公共体育空间是一个复杂的动态系统，具有一定的层次、结构及功能。城镇公共体育空间结构是构成城镇公共体育空间各要素之间相互关系及相互作用的方式，它对城镇公共体育空间各要素的形式、体系（序列）、规模以及相互组合关系具有内在的规定性。城镇公共体育空间结构这种内在的规定性，主要通过城镇公共体育空间的等级体系、服务半径、选址布局、数量规模来体现[②]。

（三）城镇公共体育空间的功能

城镇公共体育空间的功能具有多样性、层次性、文化性、教育性等特点。究其根本功能，还是其人文教育属性，它的最终目标是促进社会和谐、促进人的社会化。深入分析城镇公共体育空间的功能应该包括以下几个方面。

1. 城镇公共体育空间的美学作用

一个优美的公共体育空间，应该是不受污染、能够开展宜人的体育活动的空间。在这个优美的体育环境中，通过丰富多彩的人体感官刺激，发挥体育环境在美学方面的作用。例如，通过视觉刺激提高人的审美感受力，丰富人的情感体验。茂密的树林、清新的空气、明媚的阳光、绿色的草地、清澈的河水本身就可以使人感受到欣欣向荣的气息，进而获得放松和舒畅的感觉，最终激发人们热爱生活的动力。当人们在优雅的体育环境中跑步、健身时，肌肉、汗水的野性之美，蓝天、白云的自然之美交相辉映，造就了人在景中动、景也在人的运动中灵动起来的精神焕发、跃然纸上的画卷，这幅画卷必然唤起人的意识、人的潜能，将人的美好愿望叠加，进入天人合一的意象世界，使人在最大程度上超越利害关系的桎梏，超越生活的束缚，摆脱"沉浮"的心态和"冷淡"

---

① 刘雯雯. 我国城市公共体育空间与设施管理模式初探[D]. 西安：西安体育学院，2012.
② 蔡玉军，邵斌，魏磊，等. 城市公共体育空间结构理想模式研究[J]. 天津体育学院学报，2012（5）：432-436.

的审美，在运动创造的意象世界中回到人的本我的生活世界，最终获得身体上、心理上和精神上的愉悦。

2. 公共体育空间的教育作用

体育空间在建设过程中所具有的各种美学因素的考量都是人类本质力量的具体化体现，集结了人类在审美方面的创造智慧，因此，它可以给人们的审美活动带来强烈的暗示和引导作用。公共体育空间的合理建设可以对人们的审美活动施加影响，并从中传递某种价值观和审美标准，教育引导人们形成正确健康的审美观，培养人们高尚的审美情趣，获得一种精神的自由，取得一种精神的解放。例如，城市体育空间的建设不仅为广大群众创造一个环境优美的体育空间，更重要的是要向人们展示一个美丽的世界。在人们接受体育空间美感的刺激过程中，使人得到一种欢乐、一种享受，使人回到万物一体的精神家园，从而感到自己是一个纯粹的人。又如，人是通过行为接触体育环境的，对体育环境进行有效的探索，才能对体育环境给予恰当的应答。人与体育环境的相互作用是以人的各种行为表现出来的。体育环境美的刺激可以引起人的接近，在形成人的行为动机时，体育环境美的影响会造成一种环境压力，对人的行为产生调节和平衡作用。

3. 公共体育空间的精神作用

审美理想是人们在自己民族的审美文化氛围里形成的，由个人的审美体验和人格境界所肯定的关于美的观念尺度和范型模式。审美理想产生于社会实践中，人的全部社会活动，从一定意义上说，就是不断地认识现实、产生理想，并实现理想的过程[①]。在富有崇高审美形象的体育空间环境中，容易激发人们高尚的审美理想的形成[②]。那些体现着当代科技成就的恢宏的大型体育场馆，标志着人类与自然界和谐一致的历程和步伐；运动员在竞赛环境中所体现出来的团队精神，拼搏、自强不息、奋斗不止的精神，都将把人的精神提升到超越世俗的存在；通过参与运动体验出来的自我存在感，都会把体育文化的成果内化和最终积淀在每个社会成员的心理结构中，进而使人们精神境界得到升华。

---

① http://baike.so.com/doc/319111-337884.html。
② 刘学军，童杰. 体育环境的美学意义及其美育功能探讨[J]. 武汉体育学院学报，2009（10）：89-92。

第三章
公共体育服务与城镇化质量之间的关系

随着我国城镇化进程的深入,公共体育服务与城镇化质量之间的关系日益紧密。公共体育服务的发展可以推动城镇化质量提升,同时城镇化质量的提升又能够带动公共体育服务的优化,二者相互作用,彼此促进,良性循环,协同进步。2013年中央经济工作会议把"积极稳妥推进城镇化,着力提高城镇化质量"确定为年度经济工作的主要任务之一,体现了我国城镇化建设的思路之变,即不再仅仅重视城镇化的外在规模,而是更加强调城镇化的内在质量。从会议精神也可以看出,提升城镇化质量和发展城乡公共服务已经成为未来我国社会体制改革工作的重点。城镇化质量的提升离不开城镇经济、社会和环境的协调发展,反过来城镇化质量的提升也会促进城镇经济、社会和环境的改善。公共体育服务作为整个公共服务体系的一部分,在这个互动过程中与城镇化质量发展的关系怎样、如何促进二者之间的良性互动,特别是如何更好地发挥体育公共服务在城镇化质量建设中的作用是我们广大体育工作者应该深入研究的课题。

一、公共体育服务与城镇化质量建设关系紧密

(一)公共体育服务与城镇经济发展状况关系紧密

经济发展水平是反映城镇化质量高低的重要指标。要研究公共体育服务与城镇化质量之间的关系必须研究公共体育服务与城镇经济发展水平之间的关系。具体步骤如下:首先,评价指标体系的构建。王家宏等的研究指出公共体育服务体系主要包括需求体系、供给体系、保障体系和评价体系4个部分,结

合本研究的需要及数据的可得性，本研究初步建立了公共体育服务评价指标体系（表3-1）。选取人均地区生产总值、人均财政收入、非农产业比重、人均全社会固定资产投资、人均社会消费品零售总额、城镇居民人均可支配收入和农村居民人均纯收入等指标。本研究选取我国9个城市2013—2017年共5年的数据，主要数据来源于各城市的统计年鉴。

表3-1 公共体育服务评价指标体系

一级指标	二级指标	单项指标
公共体育服务	公共体育服务保障	社会体育指导员数量（人）
		健身点（个）
		社会体育组织（个）
		体育生活社区（个）
	公共体育服务需求	体育人口（人）
		文化娱乐消费（元）

其次，数据分析。利用SPSS软件对样本数据进行标准化处理，根据熵值法的测算公式，计算出2013—2017年9个城市经济发展水平和公共体育服务水平的综合得分（表3-2、表3-3）。数据显示，9个城市区域经济发展的非均衡性特征显著，北京、上海和天津的经济发展水平远高于其他地区，公共服务的发展水平与经济发展水平基本一致。

表3-2 我国部分城市经济发展水平综合得分

城市	2013年	2014年	2015年	2016年	2017年
北京市	3.584	3.521	3.535	3.495	3.538
上海市	3.737	3.786	3.772	3.735	3.841
天津市	3.116	2.956	3.013	2.988	3.035
广州市	2.836	2.800	2.806	2.870	3.007
南京市	2.422	2.339	2.257	2.328	2.498

续表

城市	2013 年	2014 年	2015 年	2016 年	2017 年
济南市	1.544	1.438	1.464	1.435	1.431
沈阳市	1.265	1.168	1.139	1.138	1.254
西安市	1.700	1.658	1.660	1.692	1.836
贵阳市	0.822	0.773	0.816	0.783	0.889

表 3-3 我国部分城市公共体育服务水平综合得分

城市	2013 年	2014 年	2015 年	2016 年	2017 年
北京市	2.968	2.954	3.038	2.982	2.940
上海市	2.980	2.960	3.092	2.997	2.942
天津市	2.614	2.565	2.531	2.405	2.328
广州市	1.729	1.563	1.744	1.525	1.675
南京市	2.589	2.612	2.416	2.537	2.670
济南市	2.544	2.210	2.443	2.316	2.220
沈阳市	1.566	1.611	1.693	1.559	1.719
西安市	1.729	1.722	1.666	1.655	1.704
贵阳市	1.524	1.680	1.645	1.451	1.608

最后，相关性分析。对标准化处理后的数据进行相关性分析，可以测算出公共体育服务水平与经济发展水平之间的相关系数，从而得出它们之间是否存在关联及关联度的大小。本研究进行相关分析的样本数据是通过熵值法计算得出的综合得分，利用 SPSS 统计软件对每一年的综合指数进行分析，得出了每年的相关系数（表 3-4），从中可以看出在 0.1 水平上呈显著相关，特别是 2016 年相关系数达到了 0.984，表明 2016 年 9 个城市的公共体育服务水平与经济发展水平是高度一致的，5 年的平均数是 0.962。最终可以得出的结论是，城镇经济发展水平与公共体育服务发展状况表现出较强的相关关系。以健身服务业、竞赛表演业、体育用品业为新兴经济部门的体育产业的发展，能够直接推动地

方经济的发展。同时，发展公共体育服务需要大量的硬件设施，相关的产业如制造业、加工业、建筑业等行业必然会随之发展。而这些产业的发展会为社会提供大量的就业岗位，使得我国的剩余劳动力得到转移[①]。因此，发展公共体育服务有利于筑牢扩大内需的基础。将扩大内需战略与改善民生结合起来，除满足人民群众日益增长的物质文化需要之外，还可以促进人的发展，这是经济社会发展的根本目的和最终旨归。

表 3-4 我国 9 个城市经济发展水平与公共体育服务水平综合得分相关系数

年度	系数	年度	系数	年度	系数
2013 年	0.948	2015 年	0.962	2017 年	0.977
2014 年	0.939	2016 年	0.984		

注：在 0.1 置信水平上呈显著相关。

（二）公共体育服务与城镇居民生活方式关系紧密

我国的城镇化进程给城镇居民带来实惠的同时，也给他们带来一些问题：一是，现代科学技术的发展造成了人类生物结构和机能的退化；二是，食物充足与运动量的下降造成体内物质堆积；三是，快节奏的生活方式、高压力的生活状态极易诱发各种心理疾病；四是，拥挤的居住空间、川流不息的汽车、各种自然灾害引起的形形色色的意外事故；五是，信息时代带来代理沟通的同时，隔断了人们情感交流，使人变得冷淡浮躁；六是，大面积环境污染造成的城镇居民生存条件恶化；七是，目前我国已经步入老龄化社会，老年人对参与体育活动具有极大的热情，不断增加的公共体育服务需求还未得到满足。可见以经济建设为重点的城镇化建设是以科学技术大发展为前提的，科技发展为人类带来便捷的同时也让人类付出了代价。"文明病""都市病"广泛蔓延，环境污染、生态环境失衡，广大城镇居民只有变换生活方式才能应对生活环境的变化。

"十三五"期间，国家体育发展的目标就是促进"健康中国"的实现。健康中国具体指标：人均预期寿命提升至 79 岁，居民健康素养水平提高到 30%，人均体育场地面积不低于 2.3 平方米，重大慢性病过早死亡率比 2015 年

---

① 汪玮琳. 我国体育文化的社会功能研究 [J]. 湖南社会科学，2012（5）：5-8.

降低30%，个人卫生支出占比降至25%左右，健康服务业总规模达到16万亿元。在这种形势下，公共体育服务可以更好地为不同人群提供精准服务，开展针对性较强的体育健身与运动健康促进服务。例如，以社区为依托，科学合理地组织和指导不同人群从事体育锻炼和身体活动，提高参与者的健康水平，并大力宣传参与体育活动的好处，明确参与体育活动可以活动筋骨，保持各关节的灵活性，提高身体活动能力；同时促进血液循环、提高心肺系统机能、促进新陈代谢，减少心血管疾病，特别是降低脑卒中的风险，以及骨折、肌肉萎缩等问题的发生；更重要的是还可以提升机体免疫系统的功能，推迟各器官系统生理机能的衰退和老化，促进心理健康，排除忧虑、消除孤独、保持良好的心态。尽可能地使广大社区居民参与体育活动的目的更加明确，参与体育健身活动的意志更加坚强，提升他们对生活与生命的热爱，这将对参与体育活动的人，对他们的家庭，对社会都产生极大的影响。公共体育服务作为一种面向全民，惠及全社会的体育服务现象，在各种不同层次人群的体育参与过程中，通过参加体育锻炼可以改变参与者的行为习惯，优化生活节奏，通过亲近自然改变参与者的生活空间，通过购买健身器材及服务优化消费结构，这些都在引导参与者转变生活方式。

（三）公共体育服务与城镇和谐社会建设关系紧密

促进和谐社会建设离不开良好的社区管理。良好的社区管理主要体现在自我管理与行政管理的高度融合上，即社区管理是在自我管理最大限度发挥作用的基础上，由社区行政部门通过行政管理手段辅助管理[1]。"自治性"高是目前我国社区管理的主要特点，非政府组织和个人在社区管理中的作用十分重要。发展公共体育服务并不是无序的累加，而是规范性较高的公共体育服务活动的有机结合，这些规范性较高的公共体育服务活动都具有群众性、国际性、技艺性、礼仪性、规范性等特点，参与公共体育服务活动不仅可以提高人们的道德水准，还可以培养人们健康的人生观、价值观和世界观，对于提升全民素质、培养爱国爱家精神都具有良好的推动作用[2]。公共体育服务使社区居民参与社区活动的频率得到了增加，通过广泛参与社区活动，如社区体育文化活

---

[1] 吴文新，张雅静. 休闲学导论[M]. 北京：北京大学出版社，2013.
[2] 刘成云. 体育经济在国民经济发展中的地位[J]. 体育文化导刊，2013（4）：101–105.

动，社区居民一些不健康的生活观念将得到克服，综合素质得到提高，参与社区管理的能力也就得到了提升，社区管理水平必然会上升一个台阶。由表3-5数据可以看出，公共体育服务发展好的地区社会融合度调查结果也较理想，社会融合度高，社会和谐程度必然也会高。

表 3-5 社会融合度比较

项目	公共体育服务集聚程度高	公共体育服务集聚程度低
社会满意度	4.64 ± 0.03	4.01 ± 0.19*
是否受到过歧视	2.23 ± 0.14	3.63 ± 0.23*
社区居住意愿	4.53 ± 1.03	3.93 ± 0.18*
是否认为自己是本地人	4.62 ± 0.21	4.11 ± 0.28*
本地风俗习惯熟悉程度	4.54 ± 0.04	4.31 ± 0.12*
本地语言了解程度	4.71 ± 0.07	4.69 ± 0.08

注：* 表示 $P \leq 0.05$。

另外，参与体育锻炼可以调节人的情绪和心理状态。一个喜欢体育锻炼的人亲和力、社会交往能力往往比较强。同时，体育运动倡导公平竞争、尊重裁判、尊重对手、遵守规则等道德观念。由表3-6数据可见，2000年、2010年、2014年和2015年上海市的刑事案件数量明显低于湖北省。上海市城镇化水平较高，公共体育服务供给较为充分，人们通过参与体育文化运动，将体育锻炼变成自己的自觉行动，将有力地促进全社会道德水平的提高，进而对城镇居民的道德风尚、价值观念、人际关系产生重要的影响[1]。随着社区公共体育服务产品的日益丰富，社区体育文化氛围将得到增强，社区居民对体育文化活动的参与主动性会很高，随着社区体育文化氛围的不断积累与优化，社区认同感和归属感必然上升[2]。政府可以有效利用公共体育服务的辐射效应带动形成的社区体育文化，并通过发展体育文化来辅助社区管理，这样可以进一步突破以政

---

[1] 陈清，张梓瑞. 基于熵：耦合模型的区域经济、社会环境与体育产业的协调度研究 [J]. 武汉体育学院学报，2018（7）：49-55.

[2] 白秀银. 城镇化进程中公共管理与民族文化的结合研究 [J]. 贵州民族研究，2018（5）：33-36.

府为主导，通过行政指令性条款推行的传统社区管理模式，在提升社区居民参与社区管理的同时，还最大限度地克服了其参与社区管理的抵触情绪，最终提高社区管理的效率，进而促进社区建设[①]。

表 3-6　上海市、湖北省刑事案件情况

单位：起

地区	2000 年	2010 年	2014 年	2015 年
上海市	104 946	119 691	139 999	205 186
湖北省	114 866	221 735	265 260	299 522

注：数据来源于 2016 年上海市、湖北省统计年鉴。

二、公共体育服务与城镇化质量建设良性互动

（一）公共体育服务与城镇化质量之间的互动机制

城镇化是一个循环累积上升的过程，城镇化质量的提升必然加速相关产业的集聚，从而拉动各产业集群的发展。产业集群是提高区域经济竞争力的有效途径，作为一种为创造竞争优势而形成的产业组织形式，它具有的群体竞争优势和集聚发展的规模效益，在推进城镇化质量建设中发挥了其他形式无法比拟的作用[②]。产业集聚推动城镇化的关键在于产业和市场作为一个循环系统共同推动了区域环境的提升，促进了就业、产业分工和市场的发展，推动了基础设施等硬环境和投资发展等软环境的发展，进而推动城镇化质量的发展[③]。

公共体育服务是城镇化质量建设进程中社会—经济—环境复合系统中的重要组成部分。一方面，城市规模的扩大和城镇品质的提高为公共体育服务的发展提供了更为强劲的消费市场，也为公共体育服务提供了赖以发展的软、硬环境，进而自然地成为拉动公共体育服务发展的重要力量；另一方面，公共体育

---

① 郭远兵.体育文化介入城市白领移民社会融合的或然分析：与从体育参与介入相比较[J].武汉体育学院学报，2017（12）：25-29.
② 张晓露，刘科伟.基于集群创导的关中城镇化发展探讨[J].人文地理，2006（2）：85-88.
③ 陈明.中国城镇化发展质量研究评述[J].规划师论坛，2012（7）：5-9.

服务的发展在推进城镇经济、社会和人口城镇化质量建设中也发挥着不可低估的推动作用。因此，公共体育服务的发展与城镇化进程密不可分。公共体育服务的发展可以推动城镇化质量提升，同时城镇化质量的提升又能够带动公共体育服务的优化（图3-1）。

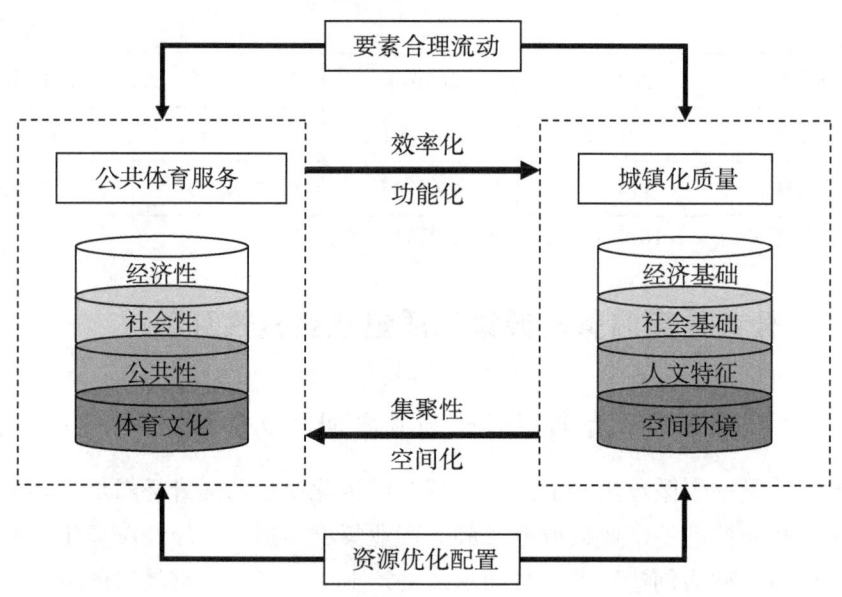

图 3-1　公共体育服务与城镇化质量互动关系

城镇化质量的提升离不开城镇经济、社会和环境的协调发展，即随着城镇居民收入的提高、失业率的下降、居住环境的改善、公共服务体系的完善，城镇化质量必然会得到提高；反过来城镇化质量建设的集聚作用会为工业、建筑业等相关产业带来新的发展机遇，随之带来更多的就业机会，随着集聚作用的进一步加深，城镇化质量建设所带来的辐射作用也将显现，以地产、环境、物流和健康为主的服务型产业将得到进一步发展，城镇的经济、社会、环境和公共服务问题也必然得到改善。通过上面的分析，我们可以得出公共服务事业与城镇化质量之间存在着互动发展的关系，而公共体育服务在这个互动关系中也必然发挥着重要的作用。综上所述，公共体育服务发展与城镇化建设进程密不可分。公共体育服务的发展可以推动城镇化质量提升，同时城镇化质量的提升又能够促进公共体育服务的优化，二者相互作用，彼此促进，良性循环，协同进步。

(二)公共体育服务发展对城镇化质量提升的推动机制

公共体育服务作为一种社会文化传播的途径,是城镇经济建设、精神文明建设和文化传播的重要载体,在城镇化质量建设过程中必将发挥重要的作用。公共体育服务不仅可以为面宽量大的城镇公共体育服务需求提供一种有效的城镇区域空间集聚供给模式,极大地完善城镇公共体育服务体系,同时还具有良好集聚效应的公共体育服务,作为地方公共活动的主要载体,公共体育服务必然带动地方社会结构与人口空间结构调整,并连锁性地引发社会结构的变化,同时,从多方面、全方位地驱动人口城镇化的演进,产生良好的规模效应。

公共体育服务的发展将带来公共体育服务结构的转型,使得公共体育服务供给量、供给层次、供给效率等方面逐步提高。从今后我国公共体育服务的发展战略方向来看,多元主体参与的城乡统筹的公共体育服务供给;政府、企业、非政府组织、社区居民联动的运行机制;完善的绩效评价和效果反馈机制;追求公平与效率的均等化发展目标将会得到更大的政策支持和优先发展。与公共体育服务发展相关的基础设施建设、功能分工以及资源环境效率等方面的大力改善,势必推动公共体育服务向效率化和均等化方向演进,从而促进城镇化质量的不断提升。因此,大力发展城镇公共体育服务在促进公共体育服务质量提升的同时,必然会连带驱动城镇质量化的发展,必将成为有效推动城镇化质量提升的新动力。

(三)城镇化质量提升对公共体育服务发展的拉动机制

城镇是一定区域范围内的政治、经济、文化和社会中心,其功能表现在多方面,既有服务于城镇自身的基本功能,也有服务于城镇之外的区域功能。城镇化质量可简单地理解为城镇化推进过程和发展成果能满足城乡居民不断增长的物质文化需求的程度,是城镇化进程中与城镇化数量相对的反映城镇化优劣程度的一个综合概念,特指城镇化各组成要素的发展质量、协调程度和推进效率[1]。城镇化是工业化的主要载体,城镇化质量建设要求完善城镇功能,改善人居环境,促进民生发展,强化设施配套和公共服务体系建设,推进基本公共

---

[1] 陈明,张云峰.城镇化发展质量的评价指标体系研究[J].中国名城,2013(6):16-22.

服务均等化发展。

城镇化质量的提升离不开城镇功能的更新与完善，资源利用的节约与集约，基础设施、公共服务设施的建设，以及投资结构、消费方式和人居环境等方面的改善。可以说城镇化质量建设一方面给公共体育服务的发展提供新的平台，带来更大更多的公共体育服务需求；另一方面也客观要求公共体育服务调整升级，由政府独大、低投入、低效率、非均等化向多元供给、高投入、高效率和均等化转变。因此，作为城镇公共服务体系一部分的公共体育服务，在城镇化质量建设中势必会得到更加快速的发展。

三、公共体育服务与城镇化质量建设创新发展

促进公共体育服务与城镇化质量之间关系协调，一方面应加快城镇化进程，为公共体育服务提供坚实的发展环境。城镇化发展的基础是经济建设与和谐社会建设，城镇化是公共体育服务发展的契机，是城镇公共体育服务发展的最佳载体。另一方面应把公共体育服务的发展和城镇发展纳入统一的发展框架加以规划，多发展那些大众化的受市民欢迎的公共体育服务，形成具有本地特色的公共体育服务产业，进而提供更多的就业岗位，有效缓解城镇发展所带来的人口压力，同时还要考虑一些公共体育服务自身发展规划，如健身体育场馆设置的合理性，健身服务项目的需求性等。因此，要促进公共体育服务与城镇化质量之间关系的协调发展，必须从以下两个方面入手。

（一）城镇化质量建设的新思路

由表3-7内容可知，新型城镇化更加注重城镇化的质量建设，更加体现以人为本，全面协调可持续发展的科学理念，以发展集约型经济与构建和谐社会为目标，以市场机制为主导，大中小城市规模适度、布局合理、结构协调、网络体系完善，与新型工业化、信息化和农业现代化互动、产业支撑能力强、就业机会充分、生态环境优美，实现城乡一体化发展的城镇化道路[①]，这中间应关注以下3点问题。

---

① 孙雪，杨文香，何佳. 新型城镇化测评指标体系的建立研究[J]. 地下水，2012（3）：124-126.

表 3-7　传统城镇化与新型城镇化的区别

比较维度	传统城镇化	新型城镇化
发展理念	注重速度	注重速度与质量的统一,质量优先
发展目标	人口非农业化	经济集约发展、社会和谐、生态环境优美
推进主体	政府主导	企业、个人等为主体,政府构建发展平台
推进机制	片面主张发展大城市或小城镇	主张大中小城市协调发展
推进策略	缺乏因地制宜策略	因地制宜实行不同策略

1. 加快人口城镇化

近两亿生活在城镇里的人没有城镇户口,无法享有城镇居民待遇,很多农民工出现"就业在城市,户籍在农村;劳力在城市,家属在农村;收入在城市,积累在农村;生活在城市,根基在农村"的"半城镇化"现象。大规模农民工周期性"钟摆式"和"候鸟型"流动,造成了巨大的社会代价。新型城镇化的重大标志是加快人口城镇化的步伐,加快推进农业转移人口的市民化。推动户籍制度改革,改革嵌入户籍制度之中的二元制度,加快农民工市民化进程。解决进城农民的户籍、住房、就业、养老、医疗、教育等社会身份和社会保障问题,使他们充分融入城市,真正转化为市民;同时大力建设城市公共基础设施,发展配套服务,将第三产业打造成新型城镇化的增长内核。首要任务就是把基础设施、公共服务设施和商住设施纳入城市建设规划,以电网、通信网等基础设施为重点,完善城镇社区基础设施,强化城镇公共服务设施的互通对接和共享[①]。加快教育、医疗、住房等社会保障体系改革,改善城市农民工子女的就学条件,降低入学门槛,构建适合农民工特点的医疗、住房及社会保障制度,实现基本公共服务均等化。

---

① 张红岩.新型城镇化和产业集聚区互动发展研究[J].商业时代,2013(10):136-137.

2. 加快政府转型

发展经济是促进新型城镇发展，提高城镇化质量的重要手段。运用经济手段提升城镇化质量要从以下两个方面入手：一是推动财政金融体制改革，确保地方财政有稳定可靠的税源，构建多层次金融体系，支持城镇化建设；二是推动政府转型以及公共服务体制改革，增强地方政府提供基本公共服务的能力，努力使城市财力与事权相匹配。

3. 健康和谐的发展理念

城镇化只有均衡协调才能健康和可持续发展。城镇化均衡发展要坚持两个方面：一是发展城市群推进城市化；二是通过做大县城实施农村城镇化，实现城市化与农村城镇化并重。新型城镇化要与资源环境承载能力相适应，把生态文明理念和原则全面融入城镇化全过程，应强调"集约、智能、绿色、低碳"的健康发展道路。通过发展"智慧城市"推动内涵型城市化发展，不仅要重视"量"的扩大，更要重视"质"的提高，要由重数量的外延式扩张向重品质的内涵式发展，建设"幸福城市""智慧城市""和谐城市"。

（二）公共体育服务发展的新理念

1. 公共体育服务体制建设与政府转型

与市场化改革进程相比，目前我国公共服务体制建设严重滞后，迫切需要改变。我国既是一个经济转轨大国，同时也是发展大国，经济转轨过程的复杂性决定了建立公共服务体制的艰巨性和迫切性。经过30多年的经济建设，我国的经济总量已经位居世界第二，我国的生产力发展水平和经济基础已经有了很大的提升，而上层建筑的制约效应也逐渐显现。就社会总产品而言，我国已经具备了为广大人民群众提供更多、更好的公共服务和公共产品的能力。但是，整个社会公共服务的供给却十分扭曲。如何将已有的供给潜力转变为现实的有效供给，要求我们做出正确的选择。

从公共体育服务的产品供给结构来看，应该体现以人为本的要求，优先解决广大群众的迫切需求，如运动场地设施、专业指导人员等问题。在解决问题的过程中，要注意短期问题解决与长期社会发展之间的均衡，进而从根本上促进公平和效率的统一。就公共体育服务体制建设而言，迫切需要政府转型，从经济建设型政府向公共服务型政府转变。从我国的国情出发，在我国人均收入偏低、分配不公、资本市场发展不完善的情况下，公共体育服务体制建设的主体依然只能是政府。

在公共体育服务体制建设过程中，政府需要利用市场机制的作用，准确定位政府职能，有序地将公共服务产品推向市场。当前政府职能的转变重点在以下几个方面：一是加快政府职能转变。合理界定政府在市场经济活动中的职责范围，继续推进政企分开、政资分开、政事分开、政府与市场中介组织分开，加强和完善宏观调控，减少和规范行政审批，解决政府职能越位、缺位、错位的问题，把政府职能确实转到"经济调节、市场监管、社会管理、公共服务"上来。二是深化政府机构改革，建立"决策科学、分工合理、执行流畅、运作高效、监督有力"的行政管理体制，从而发挥政府在公共服务体系中的关键作用。三是科学民主决策机制，推进行政管理决策科学化、民主化，使改革成果惠及广大群众。四是加快推进法制建设，全面推进依法行政，完善行政管理权力的监督机制，强化对决策和执行等环节的监督，建立按科学发展观要求的政绩考评制度，推进公共服务型政府的形成和完善。

2. 城乡协调统一的公共服务体制

长期以来由于我国实行"城乡分割，一国两策"的社会经济制度，加剧了城乡经济分化，造成了城乡在经济、教育、就业、社会福利等方面的利益差异。目前，城乡公共服务发展失衡，已经成为制约城乡经济协调发展和社会稳定的重要因素。城乡差距除了反映在经济发展方面，更体现在政府提供的公共医疗、文化教育、社会保障等基本公共服务方面。广大农村地区公共体育服务产品供给总量明显不足，总体质量也不高，而且供给结构不合理，供给效率低下。在农村，公共体育服务产品实行政府分级负责制，中央政府和地方政府各负其责，分别提供全国性的和地方性的公共服务产品。但是在实际过程中，中央政府与地方政府责任划分并不尽合理，突出表现在部分公共服务产品供给错位、缺位，事权、财权不对称方面。本应由上级政府提供的服务产品却强制由下级政府提供，如公共体育服务设施等，导致下级政府事权大于财权，受财力限制公共服务产品不能提供或不能完全提供，导致供给数量不足、质量不高。

要实现广大农村地区公共体育服务产品有序和充足的供给，实现城乡公共体育服务协调发展，关键在于城乡一体化的公共体育服务体系的建立与完善。

要加大财政支持力度,用有限的公共财政,优先解决基础设施建设。要加快转变政府职能,进一步理顺城乡机构设置,努力建设服务型政府,切实把工作重心从直接抓生产等具体事务转到示范引导、提供公共服务以及营造发展环境上来。进一步明确各级政府的职责,加快推进城镇化建设步伐,提高"工业反哺农业,城市支持农村"的能力。在加快城镇化进程中,要加强城镇规划建设管理,扩大城镇规模、增强城镇综合功能,提高对产业和人口的吸纳和承载能力,把农村居民变成城镇居民。

3. 公共体育服务供给机制创新

强化政府公共服务职能、建立现代公共服务体制是一项系统工程,涉及多方面的改革创新。公共体育服务供给机制的创新对扩大公共体育服务供给主体,改善公共体育服务供给过程,增加公共体育服务供给总量至关重要。

（1）公共体育服务的多元化供给主体

公共体育服务的供给主体是直接参与公共体育服务提供或生产的实体。按照性质不同,可以分为政府部门、非政府公共部门、非营利部门、私人部门。

①政府部门包括直接向社会公众提供公共体育服务的各级政府机构。

②非政府公共部门包括非营利公共部门和公共企业。

③第三部门包括行业协会、慈善机构、志愿者组织和社区等非营利民间组织。

④私人部门包括各种以营利为目的的私营企业和私人控股公司。

（2）可供选择的提供工具

提供工具是指政府采取什么手段或方法来提供公共体育服务,如运用财政资金、公共权利、政府信息、特许经营权等工具提供服务。

①政府直接提供,即政府通过财政税收和公共支出向社会直接供应公共产品和公共服务,通常是免费的或仅收取成本费。

②政府生产,政府通过所属公共企业来生产和出售公共产品和服务,消费者必须付费,谁付费谁使用。

③政府补贴或购买,即政府通过财政资金来资助或购买私人部门、第三部门的公共产品和服务,提供给公众使用,政府本身不是消费者。例如,政府通过订立合同或协议将服务外包给私人部门、第三部门,扩大公共服务供给主体。

④政府管制，即政府运用法律手段、行政强制手段等禁止、限制或者准许某些公共服务行为，以对公共服务进行规范和监督。

（3）提供公共服务的过程

公共服务过程是一个社会公众、政府和各种直接提供者的互动过程，包括社会需求和意愿的表达、政府决策和组织安排、直接提供者向社会成员提供一线服务、公共服务问责等4个环节。运行良好的公共服务过程应该是：公开透明；社会参与、高效、方便、及时、可得；公平、公正、平等、礼貌；惠及弱势群体；可问责。

4. 公共体育服务发展导向创新

（1）加大宣传力度，积极倡导公共体育服务体育消费

公共体育服务是健康、文明、科学的生活方式，相关职能部门应通过现代大众传媒加大对公共体育服务的宣传，积极引导居民增加体育娱乐、体育健身和体育旅游的消费，使广大居民能积极投身到休闲体育活动之中。引导人们树立科学的体育健身价值观，认识到体育是人们在快节奏、高效率工作压力下保持健康和全面发展所不可或缺的重要支撑力量。

（2）加大投入力度，促进公共体育服务发展

政府应调动各方面的社会力量，采取政府和社会共办的方法，加大对公共体育服务产业的投入力度。政府投入必须突出重点，要优先安排和提供与人民群众公共体育服务需求相吻合的基础性产品和服务。凡社会能办的应放手发动，并视情况给予一定的资金补助。凡社会办不了，群众有需要的，政府就应投入更多的资金去把它办好，为构建和谐城镇生活和促进公共体育发展提供基本保障。

（3）区分不同情况，坚持梯度发展

各地的城镇建设进程和规模是不同的，应根据不同情况进行。在中等城市，要充分构建连接大城市和小城镇的桥梁和纽带，做好与大城市公共体育服务产业辐射力紧密配套、优势互补、各具特色的体育产业定位；在小城镇，要针对市场优先发展适合工薪阶层的大众公共体育服务产业项目，再逐步扩大；在乡镇富裕农村，要侧重培育居民体育意识，促进居民就地消费。

第四章
公共体育服务提升城镇化质量的作用

一、公共体育服务提升经济城镇化质量的作用

经济城镇化是在利润最大化动机下，经济活动具有一种空间集中的向心力，促使不同的企业、行业向城市集聚，使得企业和行业获得集聚经济，主要指经济总量的提高和经济结构的非农化。经济城镇化是城镇化的动力之一，实质是分工、专业化生产以及减少交易成本的结果，最直接的推动因素是工业化，第三产业则是城镇化向更高层次深入的表现[①]。工业化创造供给，城镇化创造需求。城镇化建设将带来巨大的公共服务需求，包括交通、建筑、医疗服务、文化和体育等诸多领域会涌现出大量的投资与就业的机会。因此，加快我国城镇化建设，特别是提高我国城镇化质量至关重要。体育作为公共文化事业的一部分，在促进经济城镇化质量提升过程中必将发挥不可估量的作用。

（一）体育对经济发展的特殊作用

体育对经济发展有其特殊的促进功能。体育自身的经济功能是通过两个方面来实现的，一方面是直接体现：体育作为一个特殊的服务性产业，其本身具备消费性质，人们为参与体育活动而付出的消费活动必将促进体育相关产业的发展，如体育用品业、运动服装业、运动器材业、运动饮料业等；另一方面是间接体现：体育具备强身健体的功能，它能提高人们的综合素质，改善人们

---

① 程莉，周宗社.人口城镇化与经济城镇化的协调与互动关系研究[J].理论月刊，2014（1）：119–122.

的健康状况,让人们以饱满的精神投入到工作中去,进而提高全社会的劳动生产率,最终创造出更大的经济效益[①]。公共体育服务作为整个体育事业的一部分,既具有竞技体育性质的服务,也具有群众体育性质的服务,还具有体育产业性质的服务,是体育事业促进国家经济建设、社会和谐发展的重要途径,因为发展公共体育服务不仅可以促进居民消费、改善政府投资结构,同时还可以增加就业机会、消化过剩产能和过剩社会资本。

随着我国城镇化建设步伐的加快,在交通、建筑、医疗服务、文化和公共服务等诸多领域会出现大量的投资机会,这其中也包括对公共体育服务的投资。发展公共体育服务不仅可以满足人们日益增长的需求,而且可以直接促进居民体育消费,优化体育产业链条,对改善政府和企业的投资结构和政府购买服务结构,增加就业机会,对消化过剩产能和过剩社会资本也具有一定的作用。公共体育服务对城镇经济发展的作用主要表现在:其一,随着公共体育服务的发展,各种各样的体育活动和运动参与势必增加,对运动用品消费必然增加,这些与健康相关消费品消费的增加必将带动生产、销售、服务以及流通领域的繁荣,从而促进城镇经济发展。其二,城镇化基础设施建设中的一个重要组成部分是体育场馆设施、社区健身路径、公园健身步道、体育休闲广场和大型体育中心的建设,这些与公共体育服务相关的硬件设施的建设,必然会对相关产业产生影响,进而对城镇的经济发展、劳动就业起到间接的带动作用。其三,目前我国很多城镇根据当地的自然禀赋和人文环境,大力建设和发展各种体育旅游点及路线,开发极具地域特色的体育旅游项目,除充实本地区公共体育服务实力以外,更为本地区带来了可观的经济效益。其四,随着奥运会、全运会、世锦赛、各单项比赛等大型体育竞赛的开展,相应的人流、物流、资金流等迅速向比赛地周围聚集,形成局部的经济热点,为推动该区域的经济发展注入了新的力量。

(二)促进经济结构调整

经济结构是指国民经济的组成要素及这些要素的构成方式,是国民经济

---

① 刘振清.刍议我国体育经济对经济发展的影响及应对策略[J].西安电子科技大学学报(社会科学版),2013(9):105-111.

各个要素在特定的关联方式和比例关系下所结成的有机整体[①]。经济结构调整是指国家运用经济的、法律的和必要的行政手段，改变现有的经济结构状况，使之合理化、完善化，进一步适应生产力发展的过程。从国民经济各部门和社会再生产的各个方面的组成和构造来看，经济结构调整首要的任务是产业结构（如第一、第二、第三产业的构成等）、分配结构（如积累与消费的比例及其内部的结构等）、交换结构（如价格结构、进出口结构等）、消费结构、技术结构、劳动力结构等的调整。我国的产业结构特征主要表现为第一、第二产业比例较高，导致出现资源的高消耗、温室气体的高排放和环境的高污染等问题[②]。推进我国城镇化发展的主要任务是转变城镇化发展方式，实现人口与土地、经济城镇化的协调发展。重点是突出产业发展的支撑作用，不断优化城镇化布局和形态。推进城镇化，产业支撑是关键，这是夯实城镇化的经济基础[③]。因此，要实现我国的新型城镇化道路，如何调整产业结构已经成为我国经济结构调整的主要问题。

1. 体育经济的作用

（1）体育经济发展的诱因

我国体育经济的发展主要有以下3点诱因：一是，随着我国城镇化进程的深入，广大城镇居民生活方式的转变，各种各样的体育活动势必增加，对体育用品的消费必然增加，比如运动服装、运动鞋、各种体育器材和运动饮料食品等。这些消费品在我国城镇已经形成了一定的市场，随着体育消费市场的繁荣必将带动流通领域的繁荣，从而促进经济发展。二是，在人们参与健身的狂潮下，为了迎合需求，各城镇根据本地区的自然禀赋和文化传统，也大力建设各种体育旅游点，开发极具地域特色的体育旅游项目，如潜水、帆船、漂流、骑马、滑雪、滑草、民族体育表演等，除充实本地区公共体育服务实力以外，更为本地区带来了可观的经济效益，从而直接促进城镇经济发展。三是，随着奥运会等大型体育竞赛的开展，相应的交通、物流、信息、资金以及人口等迅速向比赛地周围聚集，加快了人流、物流和资金流的流动速度，形成局部的经济

---

① http://baike.so.com/doc/1444038-1526468.html。
② http://baike.so.com/doc/6017611-6230602.html。
③ 范虹珏，刘祖云. 中国城镇化空间发展态势研究：基于人口、土地、经济城镇化协调发展的视角[J]. 内蒙古社会科学（汉文版），2014（1）：95-100.

热点，为推动该区域的经济发展注入了新的力量。

（2）体育经济成为我国国民经济发展中的新生力量

体育经济作为我国国民经济发展中的新生力量，已经得到了社会各界的重视，可以预见在不久的将来，体育经济对国民经济的贡献将有可能赶超其他支柱产业。与建筑业、制造业和交通运输业相比，体育经济在我国起步较晚，又受到当前我国产业结构的制约，体育经济在我国还尚未成为国民经济的支柱产业，但是其发展速度却十分迅速，其增长率已经超过了传统的支柱产业。

（3）体育经济发展过程中我们应该注意的问题

当前，体育经济作为国民经济中的一股新生力量，在发展过程中我们应重视以下问题，并给予有效引导，务必使体育经济健康快速发展。

①体育经济的发展带动了人们的体育消费需求，人们要进行体育运动，就要购买相应的体育用品，就需要一定的运动设施，就需要特定的运动环境，这就势必促生相应的体育俱乐部。各类健身俱乐部的发展应遵循市场规律，在数量、规模和质量上必须进行监督和监控，以免造成供大于求的局面，造成需求市场萎缩，影响体育经济发展。

②体育经济的发展刺激了人们的消费需求，要充分利用好大型赛事的辐射作用，大力开发与赛事相关的纪念品和日用品，并大力进行运动健身的宣传和项目推广，以增加体育赛事的影响面和影响深度。比如大型体育赛事出售的电视转播权、纪念币发行、门票销售、广告收纳以及体育彩票发行等经济活动收入，往往能够满足举办运动会本身的需求。更重要的是举办大型体育比赛给予举办地、举办国家的潜在的、长远的收益和影响，包括赛事举办的基础设施的建设和改善、体育场馆的建设与改造、与体育赛事相联系的科技进步、旅游人数的剧增等，如北京奥运会给中国人民带来的鸟巢和水立方；东京奥运会给日本带来了其史上第一条高速列车铁路线——新干线；墨西哥奥运会留下的现代化通信网络；蒙特利尔奥运会广泛应用的电子技术，为蒙特利尔的计算机市场开辟了新的市场；洛杉矶奥运会开创了大型体育赛事营利的先河；澳大利亚旅游业至今还在享受悉尼奥运会带来的红利。这些案例都值得我们进一步深入分析和探讨，总结经验和教训，以指导未来体育赛事的营销、策划以及推广活动。

③体育经济的飞速发展使得体育市场空前繁荣，为国民经济的增长注入了新的活力，促进了国民经济的快速增长。但是，我们应保持头脑清醒，不能盲

目跟从。例如，看到美国体育产业的繁荣，我们就不顾一切地发展各种体育产业，而根本不考虑我国的现实国情和人们的体育消费特点，全面开花，势必造成重复投资和重复建设，卖方市场过剩，资金流动停止、成本上升，进而造成不必要的损失。

2. 体育产业的优势

（1）体育产业在国民经济中的地位

体育产业对国家经济发展贡献的比例和在国民经济中的重要地位早已在发达国家国民经济和体育产业发展的过程中得到了证实。根据国际情况，体育产业最发达的国家，体育产业增加值占 GDP 的 1%～3%，美国的体育产业增加值占 GDP 的 3%，体育产业是美国规模最大和十大产业之一，而且排名靠前。在有些国家体育产业甚至已经成为其国民经济的支柱产业。西方发达国家的经验表明，体育产业创造的消费额十分巨大，仅次于商业银行和证券市场创造的消费额，在 21 个服务业中居前 3 名。

在我国新型城镇化建设进程中，社会消费结构正发生着重大的变革，人们对食品、服装、电子产品等物质消费品的需求将会减弱，而对与身体健康和生活质量提高直接相关的服务性消费品的需求将会迅速上升。体育属于提高人民生活质量的第三产业。人们对体育服务消费的强烈需求将极大地刺激和推动体育产业的发展，反过来体育产业的发展又能提供就业岗位，提高就业率，进而促进经济社会的稳定与发展。因此，社会消费结构的变化将给我国体育产业的发展带来重大机遇，体育产业在国民经济中的地位也将越来越重要。

（2）我国体育产业发展情况

国家体育总局的测算结果显示，在从业人员基本相同的情况下，体育产业经济总量约为农、林、牧、渔服务业等产业的 1 倍。有关调查还显示，我国体育产业投资每增加 1 个百分点，就可以带动增加国民经济 0.07 个百分点，即体育产业每增加 1 单位最终产品的增加值，将会推动国民经济增加 2.29 个单位增加值的总产出。"十二五"期间我国体育产业规模不断扩大，体育消费明显增加。到 2014 年，全国体育及相关产业总规模达到了 13 574.71 亿元，实现增加值 4040.98 亿元，占当年 GDP 的 0.64%。体育产业结构持续优化，体育服务业比重稳步增长，体育产业体系不断健全，与文化、旅游、医疗、养老、互联网等领域的互动融合日益加深。近些年我国的体育产业发展较快，数据显示，2007年我国体育产业创造增加值占 GDP 的 0.5%，到 2015 年已经增加到了 0.7%。但整体来看我国体育产业仍处于初级阶段，虽然已经形成了一定的规模，但是上升的空间还十分巨大。

（3）发展体育产业应对需求

任何产业的快速发展都离不开一个良好的市场空间，随着我国城镇化进程的深入，国家经济社会发展水平不断提高，人们的生活水平持续改善，民众已经逐步由生存型向发展型甚至是享受型的阶段迈进，人们的消费观念随之发生变化，对享受型、健康型的消费需求日益增大，体育消费作为较为廉价的健康消费方式越来越受到人们的青睐，公共体育服务成为一个新的消费点。这赋予了体育产业巨大的发展空间，但同时也对体育产业的发展提出了更高的要求。

体育产业作为绿色健康产业，能源消耗少、环境污染低，符合转变经济发展方式的基本要求，产业发展潜力巨大。但从体育产业的行业属性来看，体育产业属于我国未来产业重点发展领域中的文化产业和现代服务业，这说明体育产业与我国第三产业的发展方向相符合，具备了产业扶持的基础。因此，大力发展体育产业，其发展目标应基于服务这个前提，发展的任务和根本目的是应对广大人民群众日益增长的公共体育服务需求。

3. 产业间的联动

（1）体育产业的联动性特征

体育产业并不是孤立存在的，它与其他产业的发展是交互的、协同的、共赢的，体育产业的成熟、发展、壮大不仅能带动其他产业的发展，甚至还可以催生新的产业，进而形成新的经济增长点。体育产业是一种具备高产业联动性特点的产业，这种特点决定了它不但具有可延续增值的产业链，而且还可以与其他产业形成交叉互动、相互联动的产业关系，体现了体育产业与其他产业的联合发展是 1+1＞2 的协同共赢模式，这种模式更能带动国民经济总量的扩张和产业结构的优化。

（2）体育产业的集聚与辐射作用

通过发展体育产业，可以集聚一批相关产业的共同发展。例如，以发展体育产业为主渠道，相关的旅游产业、文化创意产业、广告、商业、博彩娱乐产业、金融产业、通信产业、制造业、建筑业、住宿、餐饮业、服装、交通通信等一批产业将联动起来，形成巨大的集聚效应，产生巨大的市场冲击，进而加速市场流通创造价值。例如，美国体育产业中仅门票和赛事转播权就达到1000亿美元以上，如果加上由体育产业带动的旅游业、纪念品和体育中介等其他产业，总产值超过了汽车制造业的经济总产值；我国2008年北京奥运会带来的直接经济收入也达到了可观的20亿美元[①]。

(3) 体育产业的媒介作用

体育产业是一种具有高关联度的产业，在自身发展的同时可以带动和促进相关产业的发展。因此，体育产业在完善产业链、优化产业结构和增强经济联动效应中的作用非常显著。促进产业结构升级、扩大内需和加快经济发展是我国未来经济发展的根本性战略，这个战略的核心是产业结构升级，而产业结构调整最重要的动力是扩大内需。如何扩大内需，就在于在符合产业发展方向和经济发展战略要求的基础上，最大限度地扩大市场需求来增强经济发展的联动性和可持续性，而发展体育产业就是一种较为理想的选择，主要表现在以下两个方面。

一方面，城镇化建设中一项重要任务是发展公共体育服务，而发展公共体育服务的一项重要工作是基础设施建设，在基础设施建设中一个重要组成部分是体育场馆设施、社区健身路径、体育休闲广场和大型体育中心的建设，体育公共服务硬件设施的建设必然会对上游相关产业如建筑业、加工制造业和设计业等产生影响，对城镇的经济发展、劳动就业起到间接的带动作用。

另一方面，公共体育服务事业的发展势必会给下游产业带来机遇。例如，20世纪90年代中期，我国体彩事业的发展，就为我国筹集了社会公益金30亿元左右。体育产业的发展也带动了我国旅游业的发展，每当一个地方有体育赛事举办的时候，该地的旅游业也会迎来发展的小高潮，旅游人数将会剧增，旅游经济收入将会明显增长；体育产业的发展使得人们的体育消费需求增长，这就使得与体育产业相关的服务业得到了发展，包括体育健身俱乐部等服务行业开始蓬勃发展；体育产业的发展也带动了广告业的发展，一批极具人气的运动偶像应运而生。

4. 体育产业发展面临的问题

(1) 体育产业的内生动力不够

目前，我国体育产业的结构还不合理。在美国以职业体育比赛为核心带动

---

① 余文茂. 体育经济发展与扩展内需战略的关系及策略选择[J]. 学术论坛, 2013 (8): 133–135.

的人流、物流和服务流对美国各州经济的贡献远远超过人们的想象，体育产业已经成为美国十大产业之一[①]，因此，美国各州和地方政府都在花费相当大的努力来承办体育赛事和招揽相关企业。与美国相比，我国体育产业也发展到了一定的规模，从表4-1数据可以看出，2016年我国体育产业的总产出（总规模）已经达到了1.9万亿元的规模，比2015年增长了11.1%；产业增加值达到了6474.8亿元，比2015年增长了17.8%；产业增加值占GDP的比重增长至0.9%。从体育产业各个门类的情况来看，总产出和增加值最大的是体育用品及相关产品制造，分别达到了11 962.1亿元和2863.9亿元，占我国体育产业总产出和增加值的比重分别为62.9%和44.2%。由上面的数据可以看出，在我国以体育用品制造及销售业为基础，以体育竞赛表演业和体育健身休闲业为驱动，体育场馆、体育培训、体育中介、体育传媒等业态快速发展的体育产业整体格局已经形成，今后在多种政策的持续效应下，体育产业各相关门类也必将迎来快速发展期。但是也存在总量偏低（与国民经济总量相比）、体育产业内部结构不合理等问题。例如，体育相关产业（体育用品制造及销售）等生产销售业占比较高，而体育本体产业（竞赛表演、健身娱乐、体育培训）等体育服务业占比较低[②]。

表4-1　2016年我国体育产业总产出和增加值

体育产业类别名称	总量（亿元）		占比（%）	
	总产出	增加值	总产出	增加值
国家体育产业	19 011.3	6474.8	100	100
体育管理活动	287.1	143.8	1.5	2.2
体育竞赛表演活动	176.8	65.5	0.9	1.0
体育健身休闲活动	368.6	172.9	1.9	2.7
体育场馆服务	1072.1	567.6	5.6	8.8

---

① FREDBERG, TOBIAS.The paradox of tie strength in customer relationships for innovation: a longitudinal case study in the sports industry[J]. R&D management, 2011, 41（5）: 470-484.
② 徐茂卫, 管文潮. 我国体育产业集聚的动力机制[J]. 上海体育学报, 2012, 36（3）: 57-60.

续表

体育产业类别名称	总量（亿元）		占比（%）	
	总产出	增加值	总产出	增加值
体育中介服务	63.2	17.8	0.3	0.3
体育培训与教育	296.2	230.6	1.6	3.6
体育传媒与信息服务	110.4	44.1	0.6	0.7
其他与体育相关服务	433.0	179.7	2.3	2.8
体育用品及相关产品制造	11 962.1	2863.9	62.9	44.2
体育用品及相关产品销售、贸易代表与出租	4019.6	2138.7	21.1	33.0
体育场地设施建设	222.1	50.3	1.2	0.8

注：数据来源于中华人民共和国国家统计局网站。

2016年北京和上海体育产业总产出（总规模）分别为1154.6亿元和1045.9亿元，但是代表体育本体产业的体育竞赛表演活动（总产出：176.8亿元）、体育健身休闲活动（总产出：368.6亿元）、体育培训与教育（总产出：296.2亿元）的总产出占比较低（表4-2）。通过上面的数据我们可以得出，北京、上海这样的体育产业发达地区，体育产业的结构也存在不合理的问题，体育产业还不能很好地为体育融合产业发展提供更大的内动力。

表4-2　2015—2016年北京和上海体育产业收入情况调查

单位：亿元

体育产业类别名称	2016年		2015年	
	北京	上海	北京	上海
合计	1154.6	1045.9	1063	910.1
体育管理活动	32.3	31.4	27.8	26.3
体育竞赛表演活动	89.2	35.7	70.6	23.4
体育健身休闲活动	33.9	45.7	34.7	40.4
体育场馆服务	37.1	18.2	28.7	15.6

续表

体育产业类别名称	2016年		2015年	
	北京	上海	北京	上海
体育中介服务	36.3	8.8	26.0	6.8
体育培训与教育	17.6	17.3	19.1	12.5
体育传媒与信息服务	69.6	60.5	62.9	31.1
其他与体育相关服务	95.3	59.9	93.1	41.8
体育用品及相关产品制造	68.4	350.5	65.9	346.1
体育用品及相关产品销售、贸易代表与出租	668.1	397.9	627.2	350.8
体育场地设施建设	6.8	20.0	7.1	15.5

注：数据来源于北京市和上海市统计局网站。

体育产业发展的集聚程度还不高。在"全民健身到全民健康"理念的引导下，随着年龄的增长，每个人对健康产品的需求都会不断增加，为了最大限度地满足社会大众健康需求的问题，无论是发达国家，还是发展中国家都会不断优化社会资源配置，致使与健康有关的行业必将成为各种资源不断集中的领域，进而形成不同程度的集聚，国内多个体育服务与体育用品产业集群已经形成，产业集聚已经成为体育产业较为重要的发展模式[1]；在这种形势下，加强体育产业管理，实现体育产业发展机制由管理向治理、由管制向绩效、由个体向协同的转变，走体育产业集聚发展已成为必然[2]。国家体育总局2015年对体育产业统计口径进行了调整，但是多数省份还未进行调整，为了统计口径的一致和数据的可比性，我们对行业数据的收集从2013年开始，为了便于分析，根据专家访谈的结果和数据的可得性以及前文灰色关联分析的研究指标，本研究选取2013—2017年我国体育产业中就业人数指标加以分析。本研究用行业就业人员工资表示行业规模。EG指数计算所需的数据来源是：各省份分行业就业人员

---

[1] 张瑞林，王先亮. 中国体育产业发展机制创新研究[J]. 成都体育学报，2016，42（3）：19-24.

[2] 易剑东，任慧涛. 体育产业纳入我国战略性新兴产业的可行性及其潜在进路[J]. 武汉体育学报，2015，49（3）：5-11.

工资采用《中国统计年鉴》的按行业分组的城镇单位就业人员工资数,地理范围是 31 个省(自治区、直辖市);计算行业赫芬达尔指数需要用到的各省份分行业企业个数采用《中国统计年鉴》的各地区按行业分组的固定资产投入数(表 4-3)。

表 4-3　2013—2017 年我国各省份体育产业 EG 指数

省份	2017 年	2016 年	2015 年	2014 年	2013 年
北京	0.018 49	0.020 27	0.022 61	0.025 55	0.024 70
天津	0.003 21	0.003 27	0.003 31	0.003 32	0.002 81
河北	0.005 29	0.006 24	0.006 21	0.006 45	0.006 21
山西	0.001 29	0.002 21	0.002 30	0.002 29	0.001 31
内蒙古	0.003 20	0.004 21	0.004 30	0.004 32	0.003 21
辽宁	0.003 45	0.004 10	0.004 20	0.004 31	0.003 10
吉林	0.000 23	0.000 29	0.001 21	0.000 132	0.000 98
黑龙江	0.002 28	0.003 28	0.003 22	0.003 52	0.003 21
上海	0.015 21	0.018 26	0.019 21	0.019 34	0.016 24
江苏	0.012 21	0.011 26	0.011 11	0.011 18	0.011 12
浙江	0.009 21	0.010 21	0.011 09	0.011 14	0.009 91
安徽	0.008 21	0.008 81	0.009 71	0.009 21	0.008 21
福建	0.011 21	0.012 20	0.012 19	0.012 10	0.011 11
江西	0.002 21	0.002 28	0.003 21	0.003 25	0.002 67
山东	0.010 21	0.011 05	0.012 07	0.012 21	0.011 19
河南	0.009 21	0.010 19	0.011 21	0.011 34	0.009 97
湖北	0.002 27	0.003 25	0.004 01	0.005 53	0.004 21
湖南	0.004 21	0.004 72	0.005 03	0.005 21	0.005 04
广东	0.017 21	0.018 34	0.019 01	0.020 21	0.020 01
广西	0.002 01	0.002 81	0.003 04	0.003 01	0.002 20
海南	0.003 21	0.003 25	0.003 26	0.003 30	0.003 08

续表

省份	2017 年	2016 年	2015 年	2014 年	2013 年
重庆	0.006 21	0.006 26	0.006 38	0.007 01	0.006 99
四川	0.005 21	0.005 23	0.006 74	0.007 75	0.007 70
贵州	0.004 21	0.004 30	0.004 70	0.005 01	0.004 99
云南	0.001 23	0.001 25	0.001 29	0.001 23	0.001 19
西藏	0.000 21	0.000 22	0.000 19	0.000 18	0.000 11
陕西	0.000 42	0.000 50	0.000 51	0.000 45	0.000 40
甘肃	0.000 21	0.000 25	0.000 30	0.000 29	0.000 27
青海	0.000 12	0.000 18	0.000 20	0.000 14	0.000 10
宁夏	0.001 01	0.000 98	0.001 11	0.001 21	0.001 17
新疆	0.001 22	0.001 23	0.001 25	0.001 32	0.001 16
均值	0.005 29	0.005 84	0.006 26	0.006 51	0.005 95

EG 指数值大于 0.05 表示高集聚，0.02～0.05 表示中等集聚，小于 0.02 表示低集聚。由表 4-3 计算结果可知：第一，总的来看，我国各省份体育产业的集聚程度都处于较低水平，EG 数值普遍小于 0.02；第二，从各省份来看，北京市、上海市、江苏省和广东省的体育产业的集聚程度较高，而其他省份的数据普遍较低；第三，从各省数据来看，2013—2017 年我国各省份体育产业的集聚发展呈现下降趋势。近几年我国的经济总量持续增加，各行各业均取得了突飞猛进的发展。从本研究计算出来的数据来看，体育产业集聚度最高值是 2014 年的 0.006 51（均值），与 2013 年李慧娟的数据相比出现了一定的下降（体育产业：2008 年的 0.006 55）。这也说明我国的体育产业与其他产业相比，这几年的发展还不尽如人意，其集聚发展状况已经明显落后于其他产业。

（2）相关产业带动力不足

我国经济发展的特点以及社会老龄化的趋势使得传统的机械论医学模式和生物医学模式无法诠释人的健康状态，已无法满足人们对于健康的需求，正在逐渐催生一种能够广泛涵盖健康生活各个方面和各个阶段，从遗传、生活方式、社会、环境及心理等多方面干预，集合了环境学、生物学、心理学、社会学、康复学在内的新医学模式[①]。伴随这种新医学模式的出现，将会有更多的相关产业向健康方向聚集，服务范围也将不断扩大，体育产业以健康概念为主导，除了规模不断扩大之外，与新医学模式融合的特征也将更加突出，众多的产业融合后将不断聚集，一个庞大的产业集群即将形成[②]。本研究选取 2013—2017 年我国健康产业中就业人数指标加以分析（表 4-4）。第一，总的来看，我国各省份健康产业的集聚程度都处于较低水平，EG 数值普遍小于 0.02；第二，从各省份来看，北京市、上海市、江苏省和广东省的健康产业的集聚程度较高，而其他省份的数据普遍较低；第三，从各省数据来看，2013—2017 年我国各省份健康产业呈现略微上升趋势。综上所述，近几年我国的经济总量持续增加，各行各业均取得了突飞猛进的发展。从本研究计算出来的数据来看，健康产业集聚度最高值是 2016 年的 0.000 18，与 2013 年李慧娟的数据相比出现了一定的下降（健康产业：2004 年的 0.001 34）。这也说明我国的健康产业这几年的发展还不尽如人意，其发展速度已经明显落后于其他产业，还不能对体育产业融合发展起到很好的带动作用。

表 4-4　2013—2017 年我国各省份健康产业 EG 指数

省份	2017 年	2016 年	2015 年	2014 年	2013 年
北京	0.000 45	0.000 35	0.000 32	0.000 32	0.000 80
天津	0.000 21	0.000 20	0.000 18	0.000 14	0.000 29
河北	0.000 09	0.000 08	0.000 07	0.000 10	0.000 10
山西	0.000 10	0.000 11	0.000 14	0.000 16	0.000 25
内蒙古	0.000 06	0.000 10	0.000 05	0.000 05	0.000 06
辽宁	0.000 10	0.000 10	0.000 11	0.000 09	0.000 09
吉林	0.000 04	0.000 05	0.000 05	0.000 05	0.000 06
黑龙江	0.000 05	0.000 05	0.000 06	0.000 05	0.000 05

① 查圣祥，张立敏. 我国体育产业与健康服务业融合发展研究 [J]. 体育文化导刊，2016（9）：106-109.

② 李慧娟. 中国城市服务业集聚测度 [J]. 经济问题探索，2013（4）：13-19.

续表

省份	2017 年	2016 年	2015 年	2014 年	2013 年
上海	0.000 99	0.000 93	0.001 03	0.000 56	0.000 54
江苏	0.000 70	0.000 89	0.000 88	0.000 82	0.000 23
浙江	0.000 29	0.000 21	0.000 20	0.000 19	0.000 14
安徽	0.000 03	0.000 03	0.000 01	0.000 01	0.000 01
福建	0.000 12	0.000 12	0.000 11	0.000 12	0.000 19
江西	0.000 01	0.000 01	0.000 01	0.000 01	0.000 01
山东	0.000 08	0.000 08	0.000 05	0.000 02	0.000 01
河南	0.000 06	0.000 06	0.000 02	0.000 02	0.000 01
湖北	0.000 05	0.000 07	0.000 05	0.000 05	0.000 02
湖南	0.000 28	0.000 26	0.000 30	0.000 29	0.000 21
广东	0.001 05	0.001 27	0.000 86	0.000 84	0.000 64
广西	0.000 18	0.000 19	0.000 18	0.000 14	0.000 12
海南	0.000 03	0.000 03	0.000 02	0.000 02	0.000 02
重庆	0.000 10	0.000 09	0.000 09	0.000 12	0.000 11
四川	0.000 23	0.000 21	0.000 18	0.000 16	0.000 28
贵州	0.000 02	0.000 03	0.000 02	0.000 01	0.000 01
云南	0.000 04	0.000 03	0.000 03	0.000 01	0.000 01
西藏	0.000 00	0.000 00	0.000 00	0.000 00	0.000 00
陕西	0.000 00	0.000 00	0.000 00	0.000 00	0.000 00
甘肃	0.000 00	0.000 00	0.000 00	0.000 00	0.000 00
青海	0.000 00	0.000 00	0.000 00	0.000 00	0.000 00
宁夏	0.000 00	0.000 00	0.000 00	0.000 00	0.000 00
新疆	0.000 00	0.000 00	0.000 01	0.000 01	0.000 01
均值	0.000 17	0.000 18	0.000 16	0.000 14	0.000 14

（三）发展公共体育服务优化人力资源结构

1. 提升人口的身体素质

发展公共体育服务的目的是满足广大人民群众日益增长的体育需求。在我国城镇化建设进程中，城镇公共体育服务体系建设日益完善，人们可以在家庭住址周围、工作单位附近就近享受到便利的公共体育服务。公共体育服务的快速发展必将对城镇居民的体质健康带来积极性的影响，对增强居民体质、减少发病率和延长健康年限都起着不可低估的作用。就拿大众体育来说，导致健身需求高涨的社会根源之一是人力资本学说，体现了社会的经济需要。美国著名经济学家舒尔茨论证人力资本投资时，把"延长公民的寿命和增进同志们的体质"的保健措施列为人力资本投资的首位，他认为这些保健措施"不仅提高了劳动力的数量，也能提高人力资源的质量"[1]。

有研究指出，积极参与体育运动会给人体带来很多好处：增强心血管功能；消耗体内脂肪；增加骨的密度；提高高密度脂蛋白胆固醇的含量；降低甘油三酯的水平；降低高血压的风险；减少血小板聚集；增加葡萄糖耐量，提高胰岛素敏感度；降低心肌对紧张激素的敏感度；减少上呼吸道感染的发生；预防癌症；延缓衰老，延长寿命[2]。

刘志明教授的研究从参与体育健身和医疗费用的关系入手，研究发现一个人如果长期坚持合理的体育健身锻炼，一年内可以节约医疗开支23.22元[3]。如果按这个指标计算，一个300万人口的城市，假如有1/3的人口经常参加体育锻炼（即100万的体育人口）的话，一年就可以节省医疗开支2300多万元。同时，完善的公共体育服务体系，能够有效地增强人民体质，一个身体健康、精神状态良好、充满活力的人，在工作中一定是一个出勤率和劳动生产率都较高的人。相关的研究也表明，在许多群众性体育活动先进单位，积极参加体育活动的人，出勤情况要明显好于不经常参加体育锻炼的人，而且这些体育活动积极分子更能胜任繁重的工作，工作效率也较高[4]。公共体育服务在改善全民

---

[1] 陈融. 世纪之交中国体育的目标取向[J]. 上海体育学院学报，1999（3）：1-5.
[2] 谢华真. 健商（HQ）[M]. 石仁，译. 北京：中国社会出版社，2001.
[3] 周中来. 城市化·城镇化·农村城市化·城乡一体化：城市化概念辨析[J]. 城市，2002（1）：29-31.
[4] 国家体育总局干部培训中心. 推动体育改革发展促进社会和谐[M]. 北京：北京体育大学出版社，2008.

健康的同时，也有效提高了参与锻炼者赚钱的能力，即参与体育锻炼是一种长期的投资——不仅减少治疗疾病的成本，而且提高未来赚钱的能力。因此，发展公共体育服务对促进广大人民群众的健康身体素质起着关键作用，也间接地促进了社会经济的发展。

2. 转移社会劳动力

积极发展公共体育服务，会带动相关体育产业以及其他产业的发展，进而促进国民经济的发展。首先，发展城镇公共体育服务需要大量的硬件设施。因此，相关的产业如制造业、加工业、建筑业等行业必然会随之发展。而这些产业的发展会为社会提供大量的就业岗位，使得我国的剩余劳动力得到转移。其次，发展公共体育服务有利于筑牢扩大内需的基础。满足人民群众日益增长的物质文化需要，促进人的发展是经济社会发展的根本目的和最终旨归，实施扩大内需战略，必须与改善民生结合起来。从经济学的角度看，扩大内需的关键是要形成消费，而消费的实现必须同时满足消费需求和消费能力两个条件。就消费能力而言，重点是要解决好民众的就业问题，提高收入水平进而增强消费能力。体育及相关产业的发展提供更多的就业岗位、解决社会就业难题的同时，对提升就业质量也起到关键作用。例如，洛杉矶奥运会为洛杉矶市创造就业机会 2.5 万个；汉城奥运会给 3.4 万人提供了就业机会；亚特兰大奥运会给该州带来了 7.7 万个就业机会；2008 年的北京奥运会给北京市增加接近 10 万个就业机会[①]。最后，发展公共体育服务促进社会经济发展，其实质是为公共体育服务自身的发展提供经济基础。以健身服务业、竞赛表演业、体育用品业为新兴经济部门的体育产业的发展，能够直接推动地方经济的发展。经济的发展，社会的进步，人们健康意识的觉醒和提高，又反过来推动体育事业的进步。体育事业的强劲快速发展，要求健身服务业、竞赛表演业、体育用品业快速发展，从而吸纳就业，提供税金，为体育事业进一步发展提供经济支撑。

3. 实现人的自我实现

我国目前正要构建的社会主义和谐社会不是为某些人、某些利益集团而建设的，而是全体人民共同建设、共同享有的和谐社会，在这个和谐社会中更

---

① 刘成云. 体育经济在国民经济发展中的地位 [J]. 体育文化导刊，2013（4）：101-105.

强调全体人民各尽其能、各得其所而又和谐一致的社会。全体人民共同建设和共同享有,前提就是要使每一位公民、每一位有劳动能力的人、每一位致力于建设我国和谐社会的人都成为建设者,通过他们的诚实劳动享受改革发展的成果。全体人民各尽所能和各得其所,前提是必须要有能让他们各展其才、发挥所能的岗位和条件,其核心是实现所有人自我实现的精神追求。

(四)发展公共体育服务促进健康投资

健康作为人们生活质量的重要组成部分与教育人力资本的主要组成部分,投资健康可以直接提高社会生产力[1]。健康投资是人们为了获得良好的健康而消费的食品、衣物、健身时间和医疗服务等资源,它和我们日常生活中所说的健康干预意思相近[2]。有关体育方面的投资与健康投资息息相关。体育投资如何影响健康投资进而影响经济发展,我们在这进行讨论。

1. 公共体育服务投资

公共体育服务投资就是投资者为了提高健康水平而消费的与体育有关的一切服务,如健身、观赏、旅游等方面的服务消费。公共体育服务的消费者就是公共体育服务的投资者,公共体育服务的消费者投资的目的并不是为了获得金钱上的利润,而是健康、高生活质量和预期寿命的延长等,即健康投资的收益可以通过寿命延长的数量进行计算,可借助于疾病减少的数量进行计算[3]。从公共体育服务发展的外部环境来看,随着我国公共体育服务体系的不断完善,公共体育服务投资的成本和市场利率逐渐下降,这样能不断刺激消费者的健康投资欲望,进而提高公共体育服务投资水平。同时从消费者自身来看,公共体育服务消费者本来的健康水平越高,那么他投资公共体育服务的动力就越高;如果消费者的健康水平下降加快,对未来的预期增加,也会提高其健康投资水平。

2. 公共体育服务投资形式

公共体育服务在经济增长中具有一定的区位优势,公共体育服务的发展

---

[1] 徐擘. 运用健康经济学研究居民健康状况[J]. 太原科技, 2010 (2): 51-55.
[2] 亨德森. 健康经济学[M]. 向运华, 钟建威, 等, 译. 北京: 人民邮电出版社, 2008.
[3] FORSTER M. The meaning of death: some simulations of amodel of healthy and unhealthy consumption[J]. Journal of health economics, 2001 (20): 613-638.

势必会带动体育产业的发展，而体育产业的发展离不开国民经济其他产业的支持，体育产业的成熟和壮大也能够带动其他产业的发展。这一连锁的反应造就了当今体育产业在国民经济中的重要地位。发展体育产业其核心是带动体育经济的发展，而体育经济与国民经济其他产业相比，体育产业具有持久发展的潜力，对国民经济的贡献也超过一般产业，目前我国体育产业的发展就带动了旅游业、运输业、商业、广告业、制造业、服务业、通信业、信息业、金融业等行业的发展，同时，更重要的作用是带动了我国健康经济的发展。

（1）健身服务投资

中国健身的健身服务业已有20年的发展历史。相关研究表明，我国健身市场总体来说主要经历了3个阶段。第一阶段：力量型健身。20世纪80年代初至90年代初，俱乐部投资规模小，主要针对男性顾客，强调体型肌肉塑造，专业性强，参与人少。第二阶段：有氧健身。20世纪90年代初到1998年，国外有氧运动的兴起，带动中国健身俱乐部发展，有氧健身在中国得到快速发展，俱乐部经营单一，但会员制的概念逐步流行。第三阶段：时尚健身。自1998年后至今，产生了俱乐部投资人，凭借投资者的资金保障，大型俱乐部相应诞生。俱乐部的管理水平有了大幅度的提高，俱乐部开始向管理型转变。随着我国健身市场建设的系统化和规范化，健身消费人群也日益壮大。2012年我国健身人群占总人口比例为2.0%，人均年健身消费2.0万元[包括健身卡、教练费、营养品、营养食品、健身装备]（全年国人健身总消费6000亿元）。随着我国经济社会的进一步发展，社会健康教育的深入而引发的健康消费者的健康认知不断提高，预计到2022年我国健身人群将占总人口的15%，人均年健身消费4.5万元[包括健身卡教练费、营养品、营养食品、健身装备]（全年国人健身总消费5万亿元左右）[①]。

（2）体育用品投资

目前，我国占据了世界65%的体育用品生产份额，但对于许多世界著名体育用品品牌而言，目前不再仅仅因为中国是全球体育用品制造加工中心，更重要的是中国已跻身全球最主要的体育用品消费市场。有调查显示，我国体育用品市场的销售规模，在2008年北京奥运会期间已经达到了800亿元的水平，

---

① 我国健身服务行业的发展历程、发展现状及竞争格局分析[EB/OL].[2022-06-15]. http://www.chyxx.com/industry/201411/290883.html.

到 2010 年，中国已成为仅次于美国的全球第二大体育用品消费市场。以运动鞋为例，目前中国人均运动鞋拥有量只有 2.3 双，而美国是 7.3 双，日本是 4.8 双，说明我国还存在很大的消费潜力。

（3）"观赏型"体育投资

我国"观赏型"的体育投资起步于 1980 年 10 月在广州举行的"万宝路网球精英大赛"[1]。广大人民群众用于"观赏型"的体育投资主要表现出支持、消遣、兴趣、偶像、感受体验、参与等特征，无论出于何种目的的投资，都可以使投资消费人在广阔的空间里自由自在地、尽情地、随心所欲地表达，宣泄自己的情感。这样不仅消除了工作带来的疲劳，忘掉了生活中的烦恼，而且还达到了一种新的心理平衡[2]。在我国"观赏型"体育消费的投资已经形成了一定的规模，有数据显示：我国甲A、甲B足球联赛，年均观众人数达到 580 万人次，年经营总收入约 7 亿元；甲A篮球联赛年均观众人数达 62 万人次，年经营总收入 1 亿元；职业排球联赛，年均观众 50 万人次，年经营总收入 4000 万元；男、女乒乓球超级联赛，年均观众 100 万人次，年经营总收入 2000 万元[3]。因此，我国体育消费者有关"观赏性"的体育投资已经被众多的体育经济学者看作是体育产业的一个重要组成部分。但是，我国的"观赏型"体育投资还有很大的上升空间，如美国的职业篮球联赛，1 个赛季累计形成的产值就可以达到大约 10 亿美元，超过我国 1 年的体育消费；意大利以足球产业为主体的体育产业，年产值在 20 世纪 80 年代末已达到 24 亿里拉（约 182.5 亿美元）[4]；美国 1988 年居民仅花费在观看各种比赛上的门票就达 64 亿美元等，这与我国刚刚开始形成的体育消费市场形成了巨大的差距，但也从侧面反映出我国"观赏型"体育消费市场的巨大潜力。

---

[1] 刘卫，庄洪业，高诺. 我国"观赏型"体育消费市场的供求特征分析[J]. 中国体育科技，2002（8）：28-30.

[2] 李明. 对"观赏型"体育消费的初步理论探讨[J]. 南京体育学院学报，2000（3）：20-23.

[3] 周进强，吴寿章. 中国体育赛事活动市场化发展道路的回顾与展望[J]. 体育文化导刊，2001（2）：9-11.

[4] 王景. 体育消费对经济增长的促进作用[J]. 体育文化导刊，2001（5）：28.

二、公共体育服务提升人口城镇化质量的作用

党的十八大报告特别提出了坚持走中国特色的"新型城镇化道路",明确指出新型城镇化的核心是"人"的城镇化,而非简单的城镇规模扩张[①]。城镇化的历史表明:人口地域结构和产业结构的变动是城镇化水平最为重要的指标之一,因而,人口城镇化水平是一个国家城镇化的基本尺度,其实质是人口经济活动和生活方式的非农化过程[②]。人口城镇化,是指人口向城镇集中的演变过程。在这一过程中,乡村人口转变为城镇人口,使城镇人口占总人口的比重不断上升,并进一步使地域景观、产业结构、生活方式乃至文化、观念等向城镇化转变,最终实现乡村地区向城镇地区的转变[③]。但是,随着现有城市空间的扩张和人口的增加,城市内部出现了明显的结构性矛盾。许玉明[④]的研究认为空间城镇化与人口城镇化同处于城镇化的大系统中,但分成不同的子系统,受各自的二元制度体系约束,人口城镇化进程极慢,空间城镇化势不可挡,我国城镇化发展中存在人口城镇化滞后于空间城镇化的问题。陶然、曹广忠[⑤]的研究指出我国城镇化发展过程中"空间城镇化"和"人口城镇化"存在明显不匹配的问题,关键问题是如何为农村流动人口提供与"户口"相关的基本福利。人口城镇化,通常指人口向城镇集中或乡村地区转变为城镇地区,从而变乡村人口为城镇人口,使城镇人口比重不断上升的过程。而人口城镇化质量可以从协调关系、生存能力、发展质量、生活质量等4个层面进行评价[⑥]。因此,在我国城镇化建设进程中"人口城镇化"问题是城镇化质量提升的关键问题之一。

---

① 钟阳,王智勇.人口城镇化进程中的驱动因素研究:基于地级市的时空计量模型分析[J].软科学,2016(1):26-30.

② 程莉,周宗社.人口城镇化与经济城镇化的协调与互动关系研究[J].理论月刊,2014(1):119-122.

③ 景杰.人口城镇化进程中的生态风险防范[J].宏观经济管理,2015(7):76-80.

④ 许玉明.从"空间城镇化到人口城镇化"的制度创新:与陶然、曹广忠商榷[J].改革,2009(4):56-59.

⑤ 陶然,曹广忠."空间城镇化"、"人口城镇化"的不匹配与政策组合应对[J].改革,2008(10):46-48.

⑥ 蓝庆新,郑学党,韩雨来.我国人口城镇化质量发展的空间差异研究[J].社会科学,2013(9):26-30.

"人口城镇化"问题解决不好的直接后果就是，随着城镇的外延发展，城镇空间规模在绝对值上不断扩大，农村失地和进入城市务工人口不断涌入，使城镇内部相对的生活空间逐渐缩小，相应的基础设施建设、环境综合治理、社会保障和公共服务等方面的建设出现明显的滞后，"半城镇化人口"不断增加，社会不稳定因素逐渐增多。公共体育服务在促进人口城镇化的过程中会发挥怎样的作用，我们将在本章进行讨论。

体育是对参与者不设门槛的社会文化形态，雅俗共赏，具有其他任何文化形态不具备的社会参与性。体育公共服务体系的建立使有人群的地方，就有体育参与，从而形成外来人口与当地人口频繁而且广泛的良性社会互动，进而在相互理解、相互尊重、相互信任中实现良好的融合[①]。同时，随着老龄化社会程度的深入，健康问题逐渐凸显；随着经济条件的改善、闲暇时间的增多，人们有时间和精力去参加体育活动，随着生产方式和生存环境的转变，人们的生活压力、精神压力逐渐增大，需要一种健康的方式去释放，大力发展体育公共服务，着力建设完善的体育公共服务体系，对改善人居环境，构建生态文明社会，建设生态城市，对城镇居民生活方式的转变发挥着重要的作用。

（一）实现人的社会化

1. 城镇化与人的社会化

我国的"新型城镇化"道路实质是提高城镇化质量。城镇化质量建设的核心任务是，注重以人为本、着力解决人的城镇化问题，关键是人口城镇化。随着农村人口流向城市，城镇人口不断增加，城镇功能、人居环境、设施配套、公共服务以及基本公共服务均等化问题等都面临着挑战。特别是新转入城镇的居民如何适应新的生活环境是首先要解决的问题。公共体育服务在促进人的社会化进程中发挥着特有的作用。人的社会化是个体在社会大环境发展过程中按照社会标准逐渐塑造自我、为适应社会生活的过程，同时也是一个社会文化不断延续和发展的过程。也可以说，社会化是一个人类特有的行为过程，伴随着人的一生[②]。农村转入人口在享受到居住、医疗和教育等公共服务后，第一个

---

① 任海.以群众体育促进社会建设[J].北京体育大学学报，2014（9）：1-9.
② 常乃军，王永平.体育与人的社会化及其相关概念辨析[J].体育教育与研究，2014（2）：5-7.

享受到的公共服务就是公共体育服务。

公共体育服务以服务全社会为基础，强调"单个人"是公共体育服务的出发点。其目的是促进人的身心健康、人格完善，满足个人的需求、兴趣。从根本上讲，公共体育服务在发现人的价值、开发人的潜能、发展人的个性等方面发挥着十分重要的作用。公共体育服务之于人的作用主要体现在以下两个方面：第一，全面提升个人的生理和心理素质、认识和实践能力的全面和和谐发展；第二，满足个体情感内涵和性质的升华需求。总之，参与体育运动不仅使人的情感积累得以抒发，而且也使情感的内涵和性质得到提升。这种情感价值慰藉人们疲劳的心灵，培养人们自由的品质，且又是超越现实而指向未来的[①]。

2. 公共体育服务在人的社会化过程中发挥的作用

体育"决非仅仅是简单地强化人的体质和体能""追求人的全面、自由、和谐、平衡的发展，无疑是其更本质、更深刻的目标所在"[②]。公共体育服务在人的社会化过程中发挥的作用主要从以下3个方面分析。首先，在家庭方面。家庭是接受公共体育服务的一个主要单位，家庭的教化功能，使家庭成员共同接受公共体育服务或某一成员接受公共体育服务的情况下，都可实现运动参与塑造自我、适应社会的功能。其次，在学校层面。学校不同于家庭，其是一个既相对独立，又与社会、家庭有着千丝万缕联系的场所。学校是学生接受"身体素质教育"，进行运动参与实践，实现社会化的主要场所。学校教学过程中设置了各种体育课程，学生接受学校体育教育，实际上也是一种特殊形式的接受公共体育服务的过程。在这个过程中潜移默化地实现了体育之于学生的"文化教育"以及社会适应能力教育。最后，在同侪方面。"同侪"一词在现代汉语词典中的解释是：与自己在年龄、地位、兴趣等方面相似的平辈。在接受公共体育服务过程中，一些年龄相仿、爱好相同，在工作和生活中相互影响、相互认同，有集体的成就感和归属感的人组成一个个"同侪群体"。例如，一个爱打网球的"同侪群体"，大家因为同一个爱好走到一起，一起练球、一起打球、一起比赛，一个有其特有兴趣、爱好、个性、价值观的文化群体逐渐形成，这个群体是通过运动参与、通过同侪实现了人的社会化过程。

---

① 杨文轩，陈琦. 体育原理 [M]. 北京：高等教育出版社，2004.
② 陈融. 世纪之交中国体育的目标取向 [J]. 上海体育学院学报，1999（3）：1-5.

（二）应对人口老龄化

1. 我国老龄化问题严峻

随着生活水平的提高、健康意识的增强和医疗条件的改善，我国人口老龄化问题逐渐显现，特别是进入新世纪以来老龄化已经成为各种媒体广泛关注的热词。根据相关机构的测算，在 2000—2050 年期间，我国人口结构将向老龄化急剧发展。这个过程大致也可分为 3 个阶段：第一阶段，老龄化发展速度较慢。2000—2020 年，65 岁及以上人口比例将从 6.97% 上升到 11.70%，在这 20 年的时间内，65 岁及以上人口比例增长 4.73 个百分点。第二阶段，人口老龄化速度加快。2020—2040 年，65 岁及以上人口比例将从 11.70% 快速增加到 21.80%，在这 20 年的时间里，65 岁及以上人口比例将增长 10.10 个百分点。第三阶段，进入老龄化人口的高平台期，人口老龄化发展速度开始下降，10 年的时间里老龄人口仅增加 1.00 个百分点，但是在这一时期中国人口老龄化程度将较严重（图 4-1）[①]。

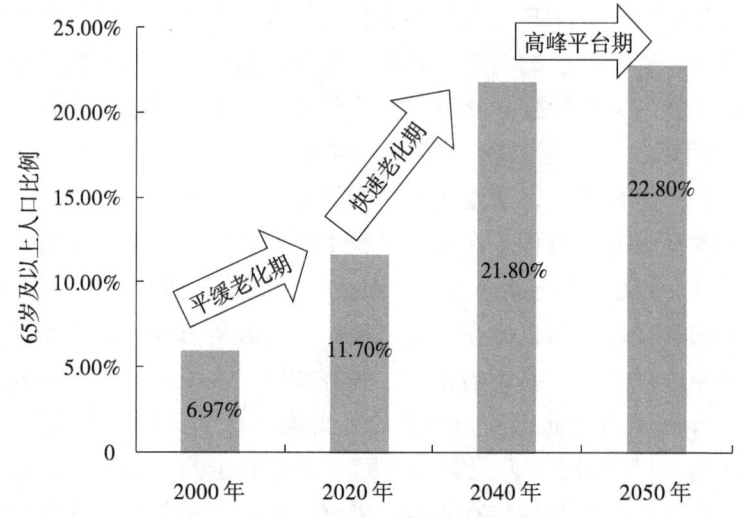

图 4-1　2000—2050 年中国 65 岁及以上人口比例
（注：资料来源，前瞻产业研究院）

---

① http://cn.chinadaily.com.cn/2016-03/02/content_23714689.htm。

2. 老龄化社会的突出问题

随着我国老龄化社会的加剧，老龄人口的健康问题凸现出来。首先，随着年龄的增长，老年人的生理机能逐步衰退、身体活动能力逐渐下降，对疾病的抵抗能力减弱，患病率逐渐提高，而且一旦患病，康复速度缓慢，老年人的重大疾病控制已经成为世界性的问题；其次，随着退休生活的开始，人们离开了以往熟悉的工作单位，离开了熟悉的同事，心态会出现一定的波动，随着退休生活的深入，社会交往面越来越窄，加之身体不断地衰老和大小疾病的不时"造访"，精神压力、躯体焦虑不断增强，各种心理障碍极易出现。近年来，我国老年痴呆、抑郁等疾患的发生率不断提高，政府不得不拿出更多的精力来关注助老、养老问题。发展社区公共体育服务是提升老年人生活质量的一个重要途径。老年人离开了工作岗位，有充裕的闲暇时间，而且大都向往健康长寿，并热切地希望通过广泛的社会参与，消除孤独寂寞。社区公共体育服务正好可以迎合老年人的健康需求与精神需要[①]。

3. 发展公共体育服务应对老龄化社会

老年人对参与体育活动具有极大的热情，社区公共体育服务可以以老年人为服务对象，开展针对性较强的社区体育健身与运动健康促进服务。科学合理地组织和指导老年人参与体育锻炼和身体活动，提高老龄人的健康水平，并大力宣传参与体育活动的好处，明确参与体育活动，可以活动筋骨，保持各关节的灵活性，提高身体活动能力；同时促进血液循环、提高心肺系统机能、促进新陈代谢，减少心血管疾病，特别是降低脑卒中的风险，以及骨折、肌肉萎缩等问题的发生；更重要的是还可以提升机体免疫系统的功能，推迟各器官系统生理机能的衰退和老化，促进心理健康，排除忧虑、消除孤独、保持良好的心态。尽可能地使广大老年人参与体育活动的目的更加明确，参与体育健身活动的意志更加坚强，提升他们对生活与生命的热爱，这将对参与体育活动的老年人，对他的家庭，对社会都产生极大的影响[②]。

---

① 李益群，骆玉峰．城市化、老龄化与中国体育公共政策研究 [J]．体育科学，2003（3）：37-49.

② 董黎．社区体育与老龄化社会 [J]．河南职工医学院学报，2007（10）：474-475.

(三)应对生活方式转变

1. 城镇化引发人们生活方式转变

生活方式是影响健康和生命质量的重要因素之一。很多生活方式的选择都可以对健康产生深远的影响。随着我国城镇化建设进程的深入,经济高速发展,社会结构快速变化,生活环境日益改变,给广大城镇居民的健康问题设置了新的考验,而在影响人们健康的诸多因素中,生活方式是一个主要方面,生活方式的合理与否,将直接影响人们的身心健康[①]。随着经济条件的改善、闲暇时间的增多,广大城镇居民的生活方式出现转变,其中一个重要的转变就是人们越来越重视自己的生活质量及健康问题,随之而来的是对休闲娱乐以及健康产品需求的快速增长。有钱、得闲、有精力,参与健康运动的人口数量不断增加。如何科学、健康、合理的应对城镇化进程中广大城镇居民生活方式转变而引起的需求转变,已经成为当今社会人们迫切需要解决的问题。

我国的城镇化进程给城镇居民带来实惠的同时,也给他们带来一些问题:① 机械化、电气化、信息化文明造成的人类生物结构和机能的退化;② 高营养、低消耗的能量与物质代谢造成体内物质堆积;③ 快节奏、大压力生活造成的千奇百怪的心理障碍和疾病;④ 高危险生活、高密度拥挤造成的形形色色的意外事故;⑤ 高技术忽视的人们的高情感、使人变得冷淡浮躁;⑥ 大面积环境污染造成的城镇居民生存条件恶化。可见我国以城镇化建设为重点的经济建设是以科学技术大发展为前提的,科技发展为人类带来便捷的同时也让人类付出了代价[②]。"文明病""都市病"广泛蔓延,环境污染、生态环境失衡,广大城镇居民只有通过变换生活方式来应对生活空间的变化[③]。

2. 公共体育服务应对人们生活方式转变

大力发展公共体育服务除了在改善人居环境、构建生态文明社会、建设生态城市过程中发挥着重要作用以外,在应对城镇居民生活方式的转变以及建立新的生活方式中可发挥如下作用。

---

① 栗燕梅. 关于休闲体育与生活方式的探析 [J]. 吉林省教育学院学报,2012(4):33-35.
② 谢华真. 健商(HQ)[M]. 石仁,译. 北京:中国社会出版社,2001.
③ 杨文轩,陈琦. 体育原理 [M]. 北京:高等教育出版社,2004.

（1）引导生活方式转变

生活方式是指人们生活活动的方式，是同一定的社会生活条件相适应的、人们生活活动的典型途径特征的总和[①]。生活方式由行为习惯、生活时间、生活空间、生活节奏以及生活消费五大要素构成。发展公共体育服务在满足人们对休闲健身、娱乐健心、康复保健以及社会交往等需求的同时，在引导人们生活方式转变过程中也发挥着其独特的作用。例如，公共体育服务作为一种面向全民，惠及全社会的体育服务现象，在各种不同层次人群的体育参与过程中，通过参加体育锻炼改变了参与者的行为习惯，优化了生活节奏和生活时间，通过亲近自然改变了参与者的生活空间，通过购买健身器材及服务促进了参与者的生活消费，这些都在引导参与者生活方式的转变。

（2）满足运动健康需求

公共体育服务最终的目的是让亿万群众参与到体育活动中来，组织形式也较为灵活，既有政府组织的，也有社会非营利组织组织的，还有群众自发组织的。因此，发展以健康为目的的公共体育服务，往往是因人、因地、因时制宜的发展。"因人"是指，针对不同人群开发各种不同的运动方法与手段。例如，针对老龄人人群的运动方法与手段、针对残疾人的运动方法与手段等，目的在于满足各种人群的运动健康需求。"因地"是指，最大限度地发挥现有地理环境和硬件设施的优势，突破规则、器材、设备、场地的限制，满足域内人群的运动健康需求。例如，一个地区靠山，可以大力开发健身步道；一个地区靠海，可以大力发展环海健身长廊；一个地区竞技体育场馆众多，可以根据情况通过政府购买等形式延长对社会大众的开放时间等。"因时"是指，抓住各个时间节点，通过舆论宣传引导运动健康需求。例如，比赛季节可以通过宣传体育旅游来引导健康消费。

客观上讲，时间和空间对公共体育服务的发展起制约作用，但并不起决定作用，起决定性作用和指导作用的应该是人们的运动健康需求。通过发展公共体育服务来满足人们对运动健康的需求，对增强人民体质，提高人民健康素质，增进人们的身心健康均起着积极作用。将参与体育活动作为日常生活必不可少的一部分，将运动健康作为提高生活质量的重要手段，是一种将体育融入血液的意识，这种意识是健康的、积极的。

---

① 王秋梅，党丽萍. 浅析社会体育与生活方式的关系[J]. 科技信息，2009（5）：114-143.

（3）运动健康生活观的形成

随着国家经济的快速发展，精神文明建设的不断进步，人们对生活的追求开始更加注重质量。为了适应这种变化，我国体育事业的社会化，体育活动的生活化趋势也越来越明显。大众体育已经逐渐成为我国体育事业发展的排头兵，参与体育活动也逐渐成为人们生活方式的基本内容之一，在这种形势下，大力发展公共体育服务可以最大限度地促进人们生活方式观念的改变。

发展公共体育服务，在满足人们身体锻炼和健康需求的同时，还可以提高人们的运动技能，丰富人们的健身理论知识。更重要的是，体育活动可以把人们带到阳光下、带到运动场上，让人们体味成功、体验失败，体会自我存在，体现自我价值，从而获得身心的全面提升。在参与体育活动过程中通过互相关心、相互支持与相互配合，拉近人与人之间的距离，一些兴趣相同、意气相投的运动"达人"走到一起，投身到运动健身的行列中来，形成一个个特定的"兴趣圈""兴趣群"，通过微信平台、QQ平台等现代媒体的信息沟通与共享，实现大家的一起锻炼、一起参与，并最终形成一种健康的生活观。

（四）缓解各种压力

现代社会强烈的竞争压力，使人们的神经经常处于紧张状态，由此而产生的心力疲惫、焦虑等症状直接影响到人们的生活质量和健康，以及离、退休后，人们普遍出现失落感等。经常参加体育锻炼有缓冲压力的作用，从而帮助保护心血管和免疫系统免受压力的影响。同时经常锻炼是对付焦虑的有效办法，其治疗轻中度抑郁的效果被证明与心理疗法的效果相同。

1. 压力的形成与种类

随着生产方式和生存环境的转变，人们的生活压力、精神压力、人际关系和情绪控制逐渐增大，需要一种健康的方式去释放，大力发展城镇公共服务体系对上面这一系列的问题都有一定的缓解作用。

（1）工作紧张造成的压力

现代社会各行各业工作压力均较大，精神高度紧张，生活节奏快。长期处于高度紧张状态下，如果得不到及时的调适，会感觉身心疲惫。久而久之，则出现焦虑不安、抑郁、精神障碍等心理问题和疾病。从生理角度讲，长期精神高度紧张也会使内分泌功能失调、人体免疫力下降，从而导致各种生理疾病的产生。

（2）心灵创伤造成的压力

现代社会离婚率越来越高，而离婚后的受损方，尤其是女性，往往经不起离婚的打击，造成身心的极大伤害。如得不到及时调适，极有可能因心理负荷过重而诱发心理疾病。一项调查表明，目前我国离婚人群中，因种种原因心理压力过大的约占70%，这类人群需要寻找倾诉对象并应得到心理帮助。

（3）生活压力

因为生活的贫困造成心理压力过大而诱发心理疾病的人群，主要为下岗职工。由于下岗，尤其是夫妻双下岗，其心理压力是巨大的，如果一时找不到合适的工作，极有可能导致心理疾病。

（4）创业投资压力

在生意场上，现代人容易犯急功近利的毛病，为追求事业上的成功，往往是拼命地工作，不断自我加压，尽管超过了自身能力所及，仍然苛求自己，从而造成心有余而力不足，不能自我满足，导致心理失衡。经常失败或事业大起大落者，其心理因失败的打击长期处于一种失衡状态，如果不能自我调适，极有可能诱发精神障碍、抑郁症、自闭症等心理疾病。从事投资，如买彩票、炒股的人群，如果长期投资而又得不到及时有效的回报，或资本受损，会产生挫折感和心理不平衡。这些投资人士内心长期焦虑不安，情绪波动起伏，极有可能导致心理疾病。

（5）学业压力

繁重的学习任务、家长老师的殷切期盼、一举成名的梦想，使广大学生肩负着巨大的压力，极易诱发心理问题和疾病。另外，一些青少年还染上了网瘾。网络的负面影响不容忽视。许多青少年对网络有着极大的兴趣，上网成了他们生活中重要的部分。适当上网是有益的，但每天花大量时间上网，或上一些不健康的网站，极有可能诱发心理疾病。如长期上网聊天、游戏、网恋，极有可能导致上网者因思想长期处于虚拟状态中，影响其正常的认知、情感和心理定位，从而难以适应现实生活。

（6）弱势群体压力

面对瞬息万变的社会，有许多人因种种原因而产生不适应感，如对社会上的不公现象看不惯，对他人的生活习惯不能适应，信仰泯灭而产生无归属感等，这些往往导致心理失衡，产生对生活的无望感。又如随着我国社会老龄化进程的加剧，对老年人晚年的精神关爱已成为一个社会问题。目前我国绝大部分老年人的物质生活基本得以满足，而老年人的精神生活却得不到应有的关怀，实际上老年人更渴望得到精神关怀。一项调查表明，目前我国老年疾病患者中 50%～80% 是源自于老年人的心理疾病，而约 70% 的心理疾病是由于老年人缺少精神关怀所引起的[1]。

2. 公共体育服务在缓解人压力中的作用

运动对心理健康有积极的促进作用，运动通过缓解压力、改善人际关系、调节情绪对心理健康有间接的促进作用。压力、人际关系、情绪在运动对心理健康的影响中均起部分中介效应，所起的中介效应从大到小依次是压力、人际关系、情绪，但差异不大[2]。相关研究报道，中学学生经常参加太极拳练习有利于调节精神状态，克服焦虑情绪，缓解学习压力，克服浮躁、偏执等心理问题，并促进学生养成静心凝神的良好心态、品性，培养其坚强意志等[3]。

（1）生理机制

身心之间存在着看得见、摸得着、实实在在的联系。以压力为例，压力在人们生活中扮演着重要的角色。精神压力有时会导致严重的疾病，但有时又不见得是完全的坏事。如果能把压力处理的得当并关注自己情感的各个方面，你也能过上健康长寿的生活。许多研究表明，对于大多数人来说，决定人体胆固醇含量高低的关键因素是心理—社会因素所造成的精神情绪状态，而不是膳食。在现代社会中由于各种压力造成的诸如失眠、神经衰弱、记忆力减退、易疲劳、头痛、抑郁症等，如果症状不是太明显都可以通过自我放松、自我调节，积极参加体育健身活动来缓解。坚持有规律的、适量的体育锻炼可以有效缓解情绪紧张，使劳累了一天的人从紧张状态中解脱出来，相关研究表明，在有氧运动中由脑垂体腺分泌释放出一种强大的吗啡类激素—内啡肽。而内啡肽能缓解精神疾病患者的某些症状，是最好的生理镇静剂。为此，许多坚持健身运动者都能保持饱满的精神状态和充足的信心。而良好的心理素质和精神状态

---

[1] http://baike.so.com/doc/3925635-4119900.html。
[2] 殷恒婵，卢敏，王新利，等. 运动对大学生心理健康影响的研究[J]. 体育科学，2007(5)：41-46.
[3] 王彬艳. 太极拳对中学生身心发展影响的研究[J]. 教育实践与研究，2015（3）：29-31.

都对健康起决定性作用。

（2）应对机制

公共体育服务是面向全体社会成员的一种服务性活动。公共体育服务作为为个人的体育活动提供服务的服务，其作用首先表现于人的个体，进而通过个体作用的集合影响社会。公共体育服务对于个人来讲，首先，是人们形成一种生活方式的前提，即公共体育服务为人们的精神文化活动、社会交往活动和日常消费活动提供平台；其次，公共体育服务是反映人们生活质量的一个标志，是满足人的生活需要的一种手段；再次，公共体育服务在人的全面发展过程中有着不可或缺的地位。大力发展公共体育服务可以无形中增强社会成员的体育意识，人们对体育有了认识和理解之后，就会主动参与其中，成为一种行为习惯。一旦养成良好的锻炼习惯和正确的生活方式，人们参加活动就会成为一种有意识的自主活动，进而通过体育培养终身体育的意识，实现终身体育的目标。最后，社会体育作为增强体质，提高健康素质的重要手段，是提高人文素养的重要手段，是一种健康文明的生活方式，是人的全面发展的必然途径。无论是人的智力的发展还是体力的发展都离不开社会体育的发展。

三、公共体育服务提升社会城镇化质量的作用

城镇化进程中的非农化必然带来社会人口的变迁，大量被城镇化的居民与原居住在城镇的居民结合而形成一个新的共同体，这个共同体中个人有着各自的利益、目标、价值观念和行为方式，社会结构发生明显的变化，伴随着社会结构变化的是一个漫长而复杂的融合过程。在这个融合过程中，必须加快社会城镇化的进程，而社会城镇化的进程更是一个社会整合的过程。公共体育服务作为一种社会文化传播的平台，是城镇精神文明建设和文化传播的重要载体，加强公共体育服务建设，首先，要最大限度地发挥体育文化传播的功能，转变部分城镇居民落后的不健康的生活观念，优化社会环境、促进城镇精神文明建设向前发展。其次，要最大限度地发挥体育精神文明建设的功能。体育运动所倡导的公平向上道德观念，将有力地促进全社会的道德建设水准，必将对城镇居民的道德风尚、价值观念、人际关系产生重要的影响。最后，发挥体育的心理调节功能。体育锻炼可以调节人的情绪和心理状态。综上所述，通过公共体

育服务各项活动的开展,可以有效促进城镇健康文化的发展,增进城镇居民之间的沟通与交流,加深居民之间的感情,形成良好的邻里和人际关系,消解居民之间潜在的冲突、矛盾等不和谐因素,最终增加广大居民对城镇社会的认同感。可以说公共体育服务对构建稳定和谐的城镇社会有着积极的推动作用。

(一)公共事业的基本社会功能

1. 解决现代社会特有问题的功能

各个国家在不同的历史时期都会遇到一些特有的社会问题,国外非营利组织的发展就被认为是推进取代"传统现代化模式"的"可持续发展",实现"后民族国家"的全球化社团改革的产物。而在中国,当前我们面临的一个突出社会问题,就是在社会转型过程中,国家权力凭借原有的制度体制的渠道所直接控制的领域在相对收缩,各种新的社会力量在迅速地成长,这两种社会力量的结合、支援、排斥、冲突的相互作用,意味着我们必须寻求一个新的契合点。公共事业的方兴未艾,为解决我国现代社会这种特有的问题提供了新的空间。公共事业组织不是政治性团体,不参与政治权力分配,但是,他们的活动可以缓解甚至消除各种社会矛盾,促进具有不同利益的社会集团之间的相互理解,在政府与公民之间、政府与企业之间发挥桥梁和纽带作用。

2. 推进现代化与民主化功能

现代社会科学把社会组织分为政府组织、营利组织和非营利组织三大类,它们分别是政治领域、经济领域和社会领域的主要组织形式。因此,社会领域的状态主要取决于非营利组织的状态,具体地说就是公共事业组织的状态。正因为如此,有效的市场体制和民主政治离不开发达的公共事业组织的支持,公共事业部门的健康发展是一个国家的现代化和民主化建设得以进一步发展的前提和基础。如果说政府组织和企业组织有一个现代化与民主化的话题,自然还存在着另一个领域的现代化与民主化问题,那就是公共事业的现代化与民主化进程。这三方面是相互促进、相互制约的。今天我国公共事业的发展,正是在现代化改革的背景下发生的,是在与市场经济及民主政治建设同步的环境下发生的。因此,推进公共事业的现代化与民主化,对于整个国家的现代化与民主化建设有着十分重要的意义。

3. 以非政府形式提供公共品的功能

人类只要不是处于鲁滨孙式的生活状态就必然存在公共生活，就会产生对公共物品的需求。社会状态越进步，公共生活就越重要，公共物品的供给就越重要。但是，公共物品却存在着所谓的供给困境，中国有句古话"三个和尚没水喝"就道出了这一点。相应地，解决此困境的组织自然就会产生。传统意义上，政府被认为是公共物品的唯一提供者，提供公共物品也就成了政府的首要职能。事实上，公共事业组织也是公共物品的供给者，他们同样承担着公共物品的供给责任。二者的功能如果有什么区别的话，就是政府一般以提供纯粹公共物品为主，而公共事业部门则以提供准公共物品或俱乐部产品为主。

4. 优化资源配置或重新配置的功能

各类公共事业组织都有其特定的产出目标，提供特定的产品和服务，如教育、社会福利、环境保护、科研成果等。公共事业组织将人们组织起来，聚集资金、技术、物资、管理以及信息等各种资源，投入特定的"生产过程"。因此，公共事业活动也需要具有经济合理性，以实现效率和效益目标。而在公共事业活动的目标追求过程中，他对整个社会资源的优化配置或重新配置起着相当重要的作用。人类社会将进入一个以知识资源为核心的经济时代，作为以知识密集和精神产品及服务为主的公共事业，必将承担起整合全社会的经济资源和社会资源的基本功能[1]。

（二）促进社会融合

1. 社会融合

关于社会融合，目前并没有一个统一的定义，但大致有这些机构或者学者对社会融合做了定义：

2003年欧盟在关于社会融合的联合报告中对社会融合做出如下定义：社会融合是这样的一个过程，它确保具有风险和社会排斥的群体能够获得必要的机会和资源，通过这些资源和机会，他们能够全面参与经济、社会和文化生活以及享受正常的生活和在他们居住的社会，认为应该享受的正常社会福利。社会

---

[1] 冯云廷，陈静. 中国公共事业管理体制改革研究 [M]. 沈阳：东北大学出版社，2003：28–30.

融合要确保他们有更大地参与关于他们生活和基本权利的获得方面的决策。

加拿大莱德劳基金认为社会融合不单纯是对社会排斥的反映，社会融合内涵过程和目标两方面，它旨在确保所有孩子和成人能够参与一个值得重视、尊敬和奉献的社会。因此，社会融合是一个符合社会规范的概念或者说具有价值取向的概念，是取消限制和理解我们想在哪里以及怎样到达那里的一种方式，而且社会融合反映了一个积极的人类社会福利发展的方式，它不仅需要消除壁垒或风险，还需要对产生融合的环境的投资和行动。他的社会融合具有5个维度：受到重视的认同、人类发展、参与和介入、亲近和物质丰足。

享德森认为共融社会或融合社会是指这样一个社会，在那里成员积极而充满意义地参与，享受平等，共享社会经历并获得基本的社会福利。因此，融合是一个积极的过程，它已经超出了缺点的补正和风险的减少，它推动了人类发展并确保机会不会对每一个人错失。享德森还认为一个融合社会的基本特征是，广泛共享社会经验和积极参与，人人享有广泛的机会平等和生活机会，全部公民都有基本社会福利。认为社会融合概念强调需要社会政策来改善能力，保护合法人权，确保所有人有机会和能力被融合，而且避免了将焦点放在如生活在贫困中或需要社会救助的个人。因此避免了对受难者的谴责[①]。

社会融合，是身边的人和我们接触的环境关系融洽。具有良好的价值观和道德观，用制度、法律、条约、合同等来制约社会中的每个人，进一步地提升人类创造的物质和精神文化的积累和发展。

2. 城镇化与社会融合

城镇化进程中的非农化必然带来社会人口的变迁，大量被城镇化的居民与原居住在城镇的居民结合而形成一个新的共同体，这个共同体中个人有着各自的利益、目标、价值观念和行为方式，社会结构发生明显的变化，伴随着社会结构变化的是一个漫长而复杂的融合过程。在这个融合过程中，必须加快社会城镇化的进程，而社会城镇化的进程更是一个社会整合的过程。社会整合指社会不同的因素、部分结合成为一个协调统一的社会整体的过程，亦称社会一体化或社会团结。要加快社会整合的速度，关键在于促进城镇公共服务和社会保障统一化和效率化，使所有城镇居民能够有屋可居、有业可就，活得有尊严、

---

① http://baike.so.com/doc/8684362-9006142.html。

3. 公共体育服务与社会融合

（1）体育文化

体育的概念是以人体运动为基本手段，增进健康，提高生活质量的教育过程和文化活动[①]，因此，归根结底体育的本质是增进人们健康，提高人们生活质量。公共体育服务作为发展我国体育事业工作的重要组成部分，也作为一种社会文化传播的途径，是城镇精神文明建设和文化传播的重要载体，在城镇社会整合过程中必将发挥重要的作用。现代体育以高度的文明和崇高的道德构筑人的精神，提高人的素质和锤炼人的意志，同时以文明和道德作用于人，并通过作用于人而作用于社会。因此，加强公共体育服务建设首先是要最大限度地发挥体育文化传播的功能。卢元镇教授对体育文化作过如下阐述：体育文化是关于人类体育运动的物质、制度、精神文化的总和。大体包括体育认识、体育情感、体育价值、体育理想、体育道德、体育制度和体育物质条件[②]。而发展公共体育服务可以最大限度地发挥体育文化的功能。

（2）体育文化的发展重点

体育文化作为一种大众文化和艺术文化，在大众健身的推进和休闲娱乐的体验中占据着根本性地位，且体育文化与民族文化有着密切的联系，因此，应从我国整个文化土壤出发，建设适合我国民族文化的体育文化。同时，体育文化虽然有着自己的独特性，但是其也是一种不拒任何人的文化，正是这种特性使得体育文化超越了国界、民族和地域性，使得体育文化在我国的建设成了可能。我国要建设自己的体育文化，必须解放思想，勇于创新，积极学习欧美国家先进的体育文化建设体制，在我国民族文化的大框架下，求同存异，兼容并蓄地吸收先进的体育文化，建设适合我国民族文化的体育文化。

（3）体育文化的功能

体育文化的功能是它的诸要素与外部环境相互联系中表现出来的作用和能力。体育文化功能的发挥，也是体育文化的主体——人展示自己主体性的过程。因此，体育文化的功能主要表现为：教育人的功能，促进人的社会化功

---

① 杨文轩，陈琦. 体育原理 [M]. 北京：高等教育出版社，2004.
② 卢元镇. 体育社会学 [M]. 北京：高等教育出版社，2002.

能，休闲、娱乐功能和竞争功能等。

首先，体育文化的教育功能在体育运动中被充分地表现出来。运动员在训练场上的艰苦训练，在赛场上顽强拼搏、永不言败的精神对于参加锻炼的群众和观看比赛的观众都具有深远的教育意义。因此，参与体育锻炼和观看体育比赛是形成个人道德品质和精神面貌的重要积极手段，是进行德、智、体全面教育的重要内容与手段。其次，美国社会心理学家海兰考曾指出，如果把体育运动忽然从世界上和人们的意识中消灭掉，只要人的社会化过程不变，体育活动很快还会诞生，也许还会再造出形式与现在一样的体育运动。因此，在促进人的社会化功能中，体育文化无论是作为内容还是作为手段都发挥着不可或缺的作用。体育文化通过参与者强烈的自身参与，激烈的对抗竞争和频繁的人际交往，以及形式多样的群体活动的过程而形成，人们在这个过程中培养社会角色，学会社会规范、培养遵纪守法、诚实公正的思想作风和光明正大的思想品德，逐步成为一个真正的社会人。另外体育活动的休闲、娱乐和易参与性越来越多地吸引人们投入其中。人们通过参与休闲体育活动，可以愉悦身心、释放自我、缓解压力，使自己以更好的精神状态投入到工作、学习中去。同时，现代社会是一个优胜劣汰、适者生存的社会。公平竞争、合理竞争的观念已经深入人心。这就要求每个人尽自己最大努力去竞争，通过参与竞争，不断战胜自我、超越自我、完善自我，并通过赢得竞争，实现精神的升华。这种竞争精神是目前我国改革、开放和经济建设中所急需的，也是现代人所必须具备的[1]。最后，体育运动对提高我国人民的道德水准、促进社会规范的培育具有重要作用，主要表现在人民群众广泛参与的体育运动基本都具有群众性、国际性、技艺性、礼仪性等特点上，体育运动是传播我国良好价值观的理想载体，能激励我国人民的爱国热情，振奋中华民族精神[2]。

（三）促进社区建设

1. 社区建设

社区是指固定的地理区域范围内社会成员以居住环境为主体，行使社会功能、创造社会规范的行政区域，依据《中华人民共和国城市居民委员会组织

---

[1] 周丽君，于可红. 从文化的本质论体育文化 [J]. 中国体育科技，2005（1）：9-11.
[2] 汪玮琳. 我国体育文化的社会功能研究 [J]. 湖南社会科学，2012（5）：5-8.

法》，社区是城镇自我管理、自我教育、自我服务的基层群众自治组织，可以说，社区是城镇构成的最小组成单元。社区建设是社区工作的一种，是指在党和政府的领导下，依靠社会力量，利用社会资源，强化社区功能，完善社区服务，解决社区问题，促进社区政治、经济、文化、环境协调和健康发展，不断提高社区成员的生活水平和生活质量的过程。在社区各种工作中，社区建设是一项新的工作，促进社区建设，对于推进社会建设，加快我国城市经济和社会的发展，进而实现我国城市现代化建设起着重要的作用。社区建设的宗旨是稳定、服务、发展。其核心是在保持稳定，为广大人民群众、为企事业单位提供优质服务的同时，促进社区的发展，使社区规模不断扩大，职能更加完善，更加的方便社区内的服务对象。

社区建设应遵循以下基本原则：①以人为本，服务居民；②扩大民主，社区自治；③资源整合，共驻共建；④责权统一，管理有序；⑤因地制宜，循序渐进。

社区建设应本着以下基本任务：①健全社区组织体系；②加强社区工作者队伍建设；③拓展社区服务领域；④加强社区基础设施建设；⑤繁荣社区文化、教育、体育事业；⑥发展社区卫生服务、搞好社区计划生育工作；⑦加强社区治安，美化社区环境[①]。

2. 公共体育服务与社区管理

（1）公共体育服务的优势

社区管理通常是指一定的社区内部各种机构、团体或组织，为了维持社区的正常秩序，促进社区的发展繁荣，满足社区居民物质和文化活动等特定需要而进行的一系列自我管理或行政管理活动。结合我国现行法律以及理论界对社区和社区管理内涵的定位，不难发现社区在管理上具有很大的"自治性"。为了提高社区管理的效果，并突出社区管理的"自治性"就必须充分发挥非政府组织和个人在社区管理中的作用[②]。

以个人参与社区管理的为例，个人参与社区管理有两种形式，一种是直接参与管理，另一种是间接参与管理。直接参与管理就是以个人身份参加一些

---

① http://baike.so.com/doc/1466857-1550968.html。
② http://baike.so.com/doc/5581135-5794022.html。

非政府组织，以管理者的身份参与社区管理；间接参与管理就是作为社区居民能积极配合社区管理者的工作，进而促进社区管理效果。这两种参与社区管理的形式以第二种为主要，因为直接参与社区管理的人毕竟是少数。对于间接参与社区管理的人来说，想要更好地配合社区管理工作，就必须全面提高个人素质，这时公共体育服务的作用就凸显出来。

首先是发展社区公共体育服务，提高社区居民体育活动参与率，通过广泛参与体育活动有利于转变部分城镇居民落后的不健康的生活观念、排斥黄、赌、毒等劣等文化的存在与发展，优化社会环境、促进城镇精神文明建设向前发展。其次是要最大限度地发挥体育精神文明建设的功能。体育运动所倡导的公平竞争、尊重裁判、尊重对手、遵守规则等道德观念，一旦内化到人们的内心世界，变成人们的自觉行动，将有力地促进全社会的道德建设水准，必将对城镇居民的道德风尚、价值观念、人际关系产生重要的影响。最后是发挥体育的心理调节功能。体育锻炼还可以调节人的情绪和心理状态。一个喜欢体育锻炼的人一般心胸比较豁达，社会交往能力、团队合作的精神、亲和力等都比较强。通过发展社区公共体育服务，社区居民的素质得到提高，参与社区管理的能力提升了，社区管理水平必然会上升一个台阶。

（2）体育文化功能与社区管理的契合

发展社区公共体育服务，可以加速形成社区体育文化。以文化为载体，加大社区公共文化服务的供给力度，既是满足城镇社区居民对文化生活诉求的需要，也是社区管理方式的创新。体育文化作为社会主义文化体系构成的一部分，相比较其他文化，在社区管理中具有较多的功能优势，可以与社区管理形成有效的契合。

首先，随着社区居民物质生活的日益满足和经济收入的不断提高，一方面他们逐渐有着强烈的文化生活需要以不断提高自己的生活品质，此时，体育文化具有的娱乐享受和自我发展功能正好迎合了这个趋势，可以最大限度地满足社区居民较之物质生活更高层次精神追求；另一方面，社区居民还存在社交需要以获得社会尊重对自我价值的肯定，而社交需要人与人之间的有效沟通，这就涉及不同文化程度或不同文化背景的人的融合问题，如何迅速架起沟通的桥梁，如何破除具有不同教育背景、能力禀赋、地域差异的社区居民间的沟通障碍，进而加速这个融合过程十分重要。体育文化倡导的人人参与、平等竞争的理念正好规避了这些差异造成的壁垒。因此，在社会融合过程中，体育文化具有较强的优势，通过参与体育活动而形成的体育文化交流，既是社区居民的精神文化生活需要，也是促进社区居民沟通的有效途径。

其次，发展社区公共体育服务，体育文化具有巨大的吸引优势，社区居民基于提升自身身心健康素质等因素的考虑，会积极参与其中，随着社区体育文化氛围的优化，社区认同感和归属感必然上升，社区居民对体育文化活动参与的主动性不断提高。政府要实现这种在社区管理中充分依托文化载体来实现有效管理的举措，还应不断加大对社区文化活动中心特别是体育文化中心等硬件设施的建设力度，并组织开展一系列社区体育文化活动。加大社区体育文化建设力度，通过体育文化来辅助社区管理，可以突破以政府为主导，通过行政指令性条款推行的管理模式，可改变商业机构以营利为目的，功利性明显的商业化管理方式，不仅可以提高社区居民参与社区管理的主动程度，还会最大限度地降低社区居民反感程度进而消除抵触心理，最终提高社区管理的效率。

最后，按照我国现行相关法律规定，社区是具有自我管理、自我教育和自我服务的基层自治组织，体育文化相比较政府行政指令、刚性的政策规制等社会管理形式，其相对柔性的形式可以达到促进社区管理效率的效果，这与我国社区管理工作的特点也有着较强的契合性。如果社区管理部门在制定管理制度时，充分考虑到，在社区定期规范组织开展丰富多彩、符合社区居民文化诉求的文体活动，并辅之以集体主义、爱国主义、和谐社会建设等精神文化主题教育等活动的重要性，那么社区居民之间的一些利益问题，是可以通过参与体育文化活动得到更好的解决的，社区居民也就更容易接受和贯彻执行一些社区的管理制度，进而提高社区管理水平[①]。

3. 公共体育服务与社区健康文化

大力发展公共体育服务事业，不仅是提高城镇居民身体素质和健康水平的一种有效手段，更是树立居民健康向上的生活观念、提高社会城镇化的重要途径。随着社区公共体育服务体系的完善，社区体育文化物质资源逐渐建立健全，以此为载体的体育文化活动日益丰富，体育文化在提高社区居民身心素质，满足社区居民娱乐享受需求等方面的功能日益凸显。

---

① 曹锐成. 体育文化在社区管理中的功能研究 [J]. 体育文化导刊，2014（9）：13-16.

因此，要依托体育文化活动的开展，向社区居民传递社会主义精神文明，以契合政府的社会管理，引导社区居民形成积极健康的生活观念、心理倾向和价值取向，进而促进社区健康文化的形成。健康文化可以理解为是围绕健康这个核心概念所开展的各类文化活动以及与之相关的各种形式活动内容的总称。体育文化活动对促进健康文化传播有着巨大的推动作用，体育文化活动不仅仅是传播健康知识，更为重要的是传播健康理念，是将健康视为一种特殊文化来进行传播。从这个意义上讲，通过体育文化而传播的健康文化是一种大健康的概念，不但涵盖了健康知识，还涵盖了健康心态、健康习惯、健康行为、健康环境等诸多元素。因此，社区管理部门要以"为居民服务，为社区服务"为宗旨，组织开展丰富多彩、社区群众喜闻乐见，有益于提高居民身心素质的文体活动。在文体活动开展过程中，积极运用各种有效形式和方法，进行爱国主义、社会主义、党的基本路线、社会公德、家庭美德、法制等教育活动，最大限度地发挥体育文化的传播功能，可以达到传播健康文化的作用。

随着社会的不断发展，社会公众对健康的关注度不断提升，健康文化形成的价值也将得到更为广泛的关注，健康文化有别于健康教育和健康促进。健康文化应立足于人性的精神需求，立足于人类文化传承的高度，其基本的着眼点应该是，改造并优化公众的健康观念。健康文化所强调的是，培育健康的理念，并积极将健康的理念导入公众的意识之中，强调从思维方式的层面唤起公众对健康的重视，从而影响其行为方式，达到改善公众健康的目的，并将这种健康素质提升的成果以文化形式固化并延续。

综上所述，通过公共体育服务各项活动的开展，可以有效促进城镇健康文化的发展，增进城镇居民之间的沟通与交流，加深居民之间的感情，形成良好的邻里和人际关系，消解居民之间潜在的冲突、矛盾等不和谐因素，最终增加广大居民对城镇社会的认同感。可以说公共体育服务对构建稳定和谐的城镇社会有着积极的推动作用。

（四）促进社会主义和谐社会

当下的中国已经进入了发展的关键时期，同时也是各种社会矛盾的爆发期，在这一时期，人们易产生过激行为，促使社会矛盾激化，危及社会稳定。运动心理学和社会学研究表明，适当参加体育活动可以缓解压力，消除抑郁、焦虑、烦躁等不良心理，同时在观赏体育比赛时，特别是大型比赛时，人们欢呼、吼叫、手舞足蹈，也对心理压力有很好的缓解作用，可以削弱人们的攻击心理，起到社会心理的"安全阀"效应[①]。

1. 培养身心全面、协调发展的人

体育不仅具有观赏性、趣味性和审美价值，还能开发人的身体潜能和心理承受能力。体育运动不断地向人的身体运动极限发起挑战，磨练着人们的意志，锻炼着人的心理承受能力，使人的心理更加健康，人格更健全，意志更坚强。因此，体育在促进人的自由全面发展中起着重要的作用。

实现社会和谐，必须做到发展为了人民，发展依靠人民，发展成果由人民共享，不断满足人们日益增长的物质、文化和健康需求。健康是人类追求的永恒主题，是实现人的全面发展的基础，也是经济社会可持续发展的基础。体育运动在满足人们的健康需求，促进人的全面发展方面大有作为。马克思主义关于人的全面发展学说认为，人的全面发展是指体力与智力的协调发展、能力素质的全面发展和人的个性的自由发展。我们党对全面发展的认识，经过了从"德、智、体"全面发展到"德、智、体、美、劳"全面发展，又到"四有新人的过程"。在这个过程中，我们党始终把体育作为人全面发展的一个方面。党的十六大又把人的全面发展作为全面建设小康社会的重要目标，并且把人的全面发展作为"科学发展观"的出发点和落脚点，人的健康素质也成为"全面建设小康社会"的重要指标。

体育就是以人体为对象，以运动为手段，以造就身心健康、全面发展的人为目的的一种社会活动。体育可以强筋骨、怡性情、增知识、强意志，同德育、智育、美育一道共同促进人的协调发展，进而使社会得到和谐发展，这是体育自身具有的价值，也是体育在构建社会主义和谐社会过程中所起到的重要纽带作用。首先，体育的健身功能，能够提高人的健康水平和适应能力，防病治病，延年益寿，提高人的生存质量。进行体育活动，能够改善和提高中枢神经系统的工作能力，同时可以促进人的肌肉、骨骼等的生长发育，改善内脏系统的工作状况，增强人的免疫力，提高疾病的抵抗力，使人的心情舒畅、精神愉悦、充满活力。其次，体育活动能够丰富人民的业余生活，提高生活质量。

---

① 刘成云. 体育经济在国民经济发展中的地位 [J]. 体育文化导刊, 2013 (4): 101-105.

随着经济的发展、科技的进步和社会劳动生产率的提高，人们的闲暇时间越来越多，健康意识越来越强，丰富多样的身体锻炼，不仅可以增强人们的体魄、振奋人们的精神、满足人们的生理和心理需求，更能促进健康生活方式的养成，提高生活质量。最后，体育事业的发展还能满足人们日益多样的生活需求。现代体育运动，特别是高水平的竞技体育所表现出来的力与美、刚与柔的身体控制效果，实现了健、力、美的完美统一，使人受到了艺术的熏陶①。

2. 为社会提供精神财富，建设社会主义精神文明

体育作为精神文明建设的重要载体，有着深厚的文化内涵，它能改善人际关系，丰富人们生活。体育能激发、促进、鼓舞人类追求完善，通过体育运动而形成的、并集中体现出人类的力量智慧和进取心理的意识总和，是体育运动的最高产物。它具有某种超越时间、地域、种族、政治和人的生命特征，属于人类共有的精神财富。它能使人们产生精神震撼、崇敬、激励、鼓舞、教育、精神、启迪等一系列审美效应。

"更高、更快、更强""团队精神""胜不骄、败不馁"等口号已经冲出体育范畴，成为催人奋进、激励向上的警言，成为整个社会的至理格言。中国体育健儿在为国争光的过程中，喊出了"人生能有几回搏""振兴中华，从我做起"等鼓舞人心的口号，逐渐形成了"为国争光、无私奉献、科学求实、遵纪守法、团结协作、顽强拼搏"的中华体育精神。"中华体育精神"作为精神文明的一部分，是推进先进文化建设和社会进步的重要手段。中华体育精神作为社会的共有财富，是中华民族精神的一部分，在推进建设和谐社会的进程中，起到了维护社会安定团结、鼓舞国民奋发向上的作用。

首先，体育事业能够为中华民族共同理想的形成发挥独特的作用。形成中华民族的共同理想是社会主义核心价值体系的重要内容。在当代中国，中华民族的共同理想是建设有中国特色的社会主义，把我国建设成为富强、民主、文明、和谐的社会主义现代化国家，实现中华民族的伟大复兴。一个现代化国家要有发达的经济、健全的民主政治、和谐的社会生活，也要有先进的文化。体育事业能够为中国特色社会主义提供精神振奋、体魄健壮、敢于拼搏、奋发

---

① 国家体育总局干部培训中心.推动体育改革发展促进社会和谐[M].北京：北京体育大学出版社，2008.

向上的建设者，在社会主义先进文化建设中有着其他方面不可替代的作用。其次，弘扬以爱国主义为核心的民族精神。民族精神和时代精神也是社会主义核心价值体系的重要内容。中华民族有着爱国主义的光荣传统，体育运动在弘扬以爱国主义为核心的民族精神中已经发挥了并将继续发挥巨大的作用。在国际赛场上，中华体育健儿以其出色的表现和优异的成绩征服了各国观众的同时，伴随着响亮的国歌和冉冉升起的五星红旗，极大地振奋了人们的民族自尊心和自豪感。再次，体育运动体现勇敢顽强、拼搏进取、超越自我迎接挑战的时代精神。时代精神是一个社会在最新的创造性实践中激发出来的，反映社会进步的发展方向、引领时代进步潮流、为社会成员普遍认同和接受的思想观念、价值取向、道德规范和行为方式，是一个社会最新的精神气质、精神面貌和社会时尚的综合体现。最后，体育运动在传播社会主义荣辱观，加强公民道德建设中也发挥着重要作用。"八荣、八耻"旗帜鲜明地指出了社会主义社会里什么是真善美，什么是假恶丑，应当坚持什么，反对什么，提倡什么、抵制什么。体育健儿艰苦的、科学的训练反映了他们崇尚科学、艰苦奋斗的美德；体育竞赛的"公平、公正、公开"也与社会主义和谐社会的要求完全一致。

3. 培养规则意识，促进社会主义法制建设

构建和谐社会，必须健全社会主义法治，建设社会主义法治国家，充分发挥法治在促进、实现、保障社会和谐方面的重要作用。恩格斯说："在社会发展某个最早阶段，产生了这样一种需要，把每天重复着的产品生产、分配和交换用一个共同规则约束起来，借以使个人服从生产和交换的共同条例。这个规则首先表现为习惯，不久变成了法律"。可见，人们为追求和谐才制定规则，规则上升到国家意志就成为法律。

规则是体育不可分割的组成部分，也是实现公平竞争的基础。奥林匹克运动的宗旨是，通过开展没有任何形式的歧视并按照奥林匹克精神——互相理解、友谊、团结和公平比赛精神来教育青年人，从而为建立一个和平美好的世界做出贡献。弘扬体育比赛中公平、公正、公开的精神，也是构建和谐社会、建设法治社会不可缺少的一环。

事实证明，体育活动为其他社会活动树立了公平竞争的典范。所有的体育比赛都有严格的比赛规则，都有专业性的裁判和仲裁人员。正是由于体育比赛的这种公平、公正、公开的原则，体育比赛才具有独特的魅力，激烈的竞争才

能在观众的喝彩声中和谐地进行下去,奥运会期间"奥运休战"的口号才能得到世界各国人民的普遍响应。反之,如果体育比赛中出现打假球、假摔、吹黑哨、服用违禁药物等不公正现象,就会给社会造成负面影响,体育比赛也失去了真正的意义。所以,公平竞争,作为人类竞技的理想追求,只有通过权威的规则才能使所有参与者达到本质上的公正,从而维护社会关系的和谐。体育在实现培养人的规则、规范意识,增强全社会的法律观念和法制意识方面发挥了重要作用。

4. 促进经济持续稳定发展

保持经济持续、快速、协调、健康发展,创造更丰富的社会物质财富,使国家的整体实力不断增强,使人民群众的生活水平不断提高,是构建社会主义和谐社会的物质基础。体育本身蕴含着丰富的经济功能,尤其是随着经济的发展,体育的经济功能日益显著。在许多西方国家体育已经成为国民经济的支柱,在一些发展中国家,体育也逐渐成为新的经济增长点。如果说以前我国主要把体育作为公共事业,归入单纯的精神文明建设范畴,没有发掘体育蕴含的巨大经济功能的话,那么现代社会体育的经济功能正在得到不断的发展与发掘。作为经济活动的职业体育具有商品的生产与交换功能,对经济的发展起到了非常大的影响作用。体育广告、赛事转播、赛事经营、体育经纪、体育赞助、体育营销、体育休闲娱乐的快速发展,使体育成为我国国民经济新的增长点。

5. 展现民族风貌,构建国内发展的良好外部条件

我国构建社会主义和谐社会需要营造良好的外部环境。外部的政治和谐能为我国和谐社会建立稳定的外部环境。体育在促进外部政治和谐上起到了特殊的作用。体育不分民族、肤色、信仰制度,很少受到民族习俗、文化教育层次的限制,是和平时期的象征,更是和平运动的载体,它可以促进各民族人民的相互了解,促进世界和平。体育赛事崇尚加强人与人之间的互相尊重、促进人类和平。20世纪70年代初中国与美国间的"乒乓外交"改善了中美关系,使我国在世界范围内取得了支持和信任。这是体育促进外部政治和谐的成功范例。在我国体育事业高度发展的今天,体育与外界一切交往活动在促进与改善我国与世界各国、各地区的关系方面同样起到了"润滑剂"的作用。

第五章
公共体育服务提升城镇化质量发展策略

一、发展公共体育服务产业提升城镇化质量

公共服务，是 21 世纪公共行政和政府改革的核心理念，包括加强城乡公共设施建设，发展教育、科技、文化、卫生、体育等公共事业，为社会公众参与社会经济、政治、文化活动等提供保障[①]。公共服务以合作为基础，强调政府的服务性，强调公民的权利。公共服务产业的内涵可以界定为：提供类似公共服务的相互关联的一组机构或企业的集合。这个定义包含两层意思：一是提供相关服务的组织有着生产方法的相近性、知识的共同性和技术的类似性；二是任何特定的产业反映了该产业之内不同要素组织中各种各样的利益。在这种情况下，每一位公民所面对的公共服务都不是"一个"政府服务，而是由大量的各不相同的公共服务产业所服务。每一个公共服务产业都是由作为提供者、生产者和消费者构成的产业系统[②]。

（一）公共体育服务产业化发展的条件

1. 一般条件

体育在市场经济发达的国家，早已作为产业进行开发运作，而且产生的实际产值也相当的可观[③]。在美国、英国、日本和意大利等发达资本主义国家，

---

① http://baike.so.com/doc/33277-34708.html。
② 冯云廷. 公共服务产业的性质及其组织意蕴 [J]. 山东财政学院学报，2004（4）：22-25.
③ 杨年松. 中国体育产业的推进机制 [J]. 福建体育科技，2000（2）：45-59.

体育产业的总产值和吸纳就业人员的能力令人叹为观止。世界各国体育管理体制各不相同，然而，在市场经济条件下，体育主体的社会化，体育活动的商业化和职业化，体育服务经营的产业化，体育人员和体育手段的商品化，体育资源流通与配置的市场化，体育目标与功能的多样化，体育投资的多元化，以及体育市场管理的法治化等，都是促进各国体育事业与体育产业协同发展的基本条件。

根据我国体育事业发展和改革的要求，公共体育服务产业化的推进面临着以下几个重大的课题：首先，市场发育滞后，市场竞争无序。公共体育服务在我国刚刚起步，在市场中表现出的是经营者缺少对公共体育服务市场的深度认识，投资目的不清，经营效果不佳。同时，市场发育滞后，没有形成与供给配套的有效需求，造成部分供给浪费。其次，供给缺乏创新，模式单一。国内的公共体育服务市场供给多以健身俱乐部的形式出现，提供的服务大同小异，经营理念不明确，没有形成有竞争力的品牌，恶性竞争时有发生。最后，盲目夸大规模。很多提供公共体育服务的俱乐部，在未进行市场调研的情况下盲目扩张，以致资金回笼不及，债台高筑，产生雪崩效应[1]。因此，以需求为导向的市场培育，国家产业政策的扶持，公共体育服务产业发展相关法律法规的出台是公共体育服务产业化的先决条件。

2. 城镇化为公共体育服务产业发展带来契机

首先，城镇居民增加，增大了公共体育服务的消费群体。

近几年，我国城镇化发展速度惊人，从1998年的30.4%提高到了2016年的57.35%。在不到20年的时间里上升了22个百分点。在我国未来的发展中，我们有理由相信，政府在"十三五"期间将会继续采取调整现有大城市的功能，适度扩大大城市规模和积极发展中小城市等多种手段，来迅速提高我国的城镇化水平[1]。城镇的快速发展使大量的农村人口转为城镇居民，同时生活环境的改变也改变着他们的生活方式和消费价值趋向。当这部分转移居民有较多的收入和较多的时间后，往往会想到休闲娱乐，并更加注重健康，于是逐渐成为公共体育服务的消费群体。

其次，基础设施建设增加了城镇公共体育服务场所。

---

[1] 丛湖平. 体育产业理论与实践[M]. 北京：人民体育出版社，2006.

2014年住房城乡建设部城市建设司的工作要点是，贯彻党的十八大和十八届三中全会精神，紧紧围绕住房和城乡建设部的中心工作，推进深化改革，以贯彻落实国务院关于加强城市基础设施建设的意见为重点，加快城市基础设施建设，促进城市基础设施转型升级，大力推进城镇节能减排，改善城镇人居生态环境，切实加强城市综合管理，预防和治理"城市病"，推进城镇化健康发展[①]。

近年来，随着我国城镇化建设进程的深入，城镇基础设施建设也明显加快，城市与农村，大城市与小城镇，城市与郊区的体育资源都得到更加合理的规划和配置，为城市公共体育服务提供了更加丰富的物质空间。其中包括设施齐全的体育场馆、健身中心、健身俱乐部和综合性的体育公园等，安全、快捷、便利的城市交通，又为举办各项大的体育赛事和招揽众多观众创造了条件。

最后，居民收入的增长为公共体育服务消费奠定基础。

我们知道城镇化不仅仅是把农民带进了城市，更重要的是随着大量农村人口涌入城市，会刺激城市第三产业的发展，进而增加市民收入。收入增加的同时，人们的需求结构将随着城镇化建设中经济社会的发展变化而变化。现在人们从小康生活步入到休闲时代，需要的是健康、快乐，是精神上的满足与消费。公共体育服务恰好是能给人们带来健康、欢乐和享受的一种消费。因此，新时期人们对公共体育服务的消费将得到进一步提高，公共体育服务消费必将成为城镇居民新的消费热点[②]。

（二）公共体育服务产业的内涵与特征

1.公共体育服务产业的内涵

产业是当代经济分析中一个必不可少的基本范畴。在国民经济各部门中，专门获取自然产品的为第一产业，专门从事产品制造加工的为第二产业，专门提供服务的为第三产业；在各部门中又可分为主导产业、支柱产业、传统产业、新兴产业等。从产业的外延来看，产业就是各种行业及由相似行业组成的

---

① http://www.gov.cn/gzdt/2014-02/25/content_2621191.htm。
② 肖丽.城镇化建设与城市休闲体育的互动研究：以河南省为例[J].重庆科技学院学报，2010（3）：114-116.

国民经济部门。因此，生产同类产品或提供类似服务的经营单位的集合，就是产业真正的内涵，以此为尺度，我们可以说无论是工业、农业还是服务业，它们都是一种产业，而且是部门意义上的产业。

2.公共体育服务产业的特征

首先，垄断性与竞争性并存。

公共服务领域有不少产业存在不同程度的自然垄断性。所谓自然垄断性，是指由于存在着资源稀缺性和规模经济效益、范围经济效益，使提供单一物品和服务的企业或联合起来提供多数物品和服务的企业形成一家公司或极少数企业的概率很高。在事业领域，这种自然垄断性是客观存在的。公共服务产业的这种自然垄断性所呈现出来的强弱态势是动态的而不是静止的。由于国情不同或一个国家不同的发展阶段，各国对于公共服务领域的管制政策也不一样。在这种情况下就出现了在同一公共服务产业内垄断因素与竞争因素并存的局面。进一步说，就是在许多情况下，只有在政府不断限制竞争的环境中，非营利性的公共服务产业才能生存。因此，可以得出结论，非营利性的公共服务产业只有在一定的保护下才能生存下来。

其次，公益性与营利性并存。

公益性反映了公共服务产业所提供的私人边际效用小于其社会边际效用，也就是说，公共服务产业为市场或公众提供了公共服务，而且具有公益性。然而公共服务往往具有特定的服务对象，即往往针对个人提供服务的，或者说是通过个人直接享受这类服务，而惠及社会利益的。因此，公共服务产业的公益性寓于个人性（私人性）之中。这又决定该领域的服务可以向具体的服务对象直接收取费用，或者按照商业化原则进行经营。事实上，公共事业组织在所谓的社会服务领域经营，提供某些基本的社会产品，如教育、艺术和卫生保健。显然，这种领域的经营限制正在被打破，越来越多的公共事业组织正在向商业化的运作模式靠拢。但是，商业化经营最终不会、也不应该抛弃公益性质。单纯地依靠市场机制，改革事业组织许多重要的目标就不能有效实现。无论如何，改革服务产业面临的一个基本任务，就是如何利用人们的希望为公益事业做出贡献这种社会驱动力，将它们与商业行为的最佳方面联系起来，创造一个尽可能高效率的社会服务领域。

（三）公共体育服务产业的性质

从产业角度看，公共服务产业既存在具有规模经济效应的产业，也存在公共品性质的产业。其中有些公共服务产业兼有公共物品和自然垄断双重属性。那么，公共服务产业的实质究竟是什么？这是理解公共服务产业性质的核心问题。阿尔弗雷德·马歇尔认为平均成本递增的行业通常是竞争性的，成本递减的行业则为不完全竞争的或垄断的。公共服务产业的诸多领域如公共交通、供水、教育等构成的市场，其特征也主要是竞争而不再是自然垄断的。即使在原本属于自然垄断的领域，随着形势的发展，也有可能在一定程度上转变为垄断竞争性的市场，通过市场实现其外部效应的内部化[①]。

因此，公共服务产业中既没有严格意义的竞争性行业，也没有严格意义的非竞争行业，其市场化的空间是非常广泛的。由于公共服务的共同消费性与个人消费性混合，使得存在于这一领域的往往是垄断竞争状态。例如城市公交，其公交路线是唯一的，但这唯一的路线上则可能有若干家公交企业的车辆进行竞争性营业。它反映了这类城市公共服务具有竞争性。竞争性的存在使其难以形成完全的垄断状态。同时，也使得其投资具有竞争性，即投资可以是混合投资。这就使得一个有垄断地位的企业并不能依靠维持垄断而获得额外好处，除非公共服务投资因某种人为的进入壁垒而受到庇护。在公共服务投资的市场垄断竞争均衡中，总的消费者剩余和生产者剩余仍可能处于次优状态。

就公共物品的属性而言，并非所有的公共服务都具有纯粹公共物品的性质。大多数公共服务都属于介于公共物品和私人物品之间的具有收费性质的准公共物品。一般来说，对于具有纯粹改革性质的公共服务，由于无法制定价格也不可能收费，因此只能通过政府投资的形式免费提供。而凡是不属于纯粹公共物品的公共服务领域，都可以通过市场供给。在市场经济条件下，这种具有准公共物品性质的公共服务产业具有市场性和非市场性两重性质，即公益性决定了公共服务活动的"非市场性"特征，政府必须参与该领域的投资，才能提供和保障必不可少的公共利益。而收费性又决定了它的投资是按市场性（竞争性、收益性等）原则进行的。收取费用是这类服务产业可以竞争进行的根本原因。

公共服务产业的市场性和非市场性之间是互补的还是互替的，还要进一步

---

① 刘兵，董春华．体育产业集群形成与区域发展关系研究[J]．体育科学，2010（2）：48-54．

分析。若整个公共服务产业的活动都可以视为某组投入到产出或生产函数的转换，那么当我们使用生产函数分析公共服务产业时，就会发现生产函数会涉及严格可替代过程。这种替代存在两种极端情况：一是政府完全替代社会成为公共服务产业的直接经营者；二是公共服务的投入产出完全按照市场性原则来进行。若存在这两种替代必然是效率低下的。第一种情况下，政府垄断经营低效率的原因是缺乏竞争激励。而竞争过程就是一个选择过程，既给居民大众公共服务消费方面更多的选择空间，同时也促成公共服务生产者或供给者之间的竞争。在独家垄断情况下，上述机制不存在了，居民没有选择自由，只能被动接受政府提供或政府委托公共企业提供的公共服务的数量和价格，而公共企业缺乏竞争压力，经营上往往是低效的，低效率必然外在表现为较高的成本和消费价格。同样，完全利用市场对政府的替代也必定是低效率的。因为市场追求的是对未来收益的一种预期值。对于那些公益性和市场性并存的公共服务活动，它首先考虑的自然是它的收益性。在这种情况下，可能会出现市场的高效率是建立在整个社会的效率损失的基础之上的现象。

综上所述，如果投入是严格可替代的，就不存在公共服务产业的垄断与竞争、公益性与盈利性的兼容。更确切地说，也就不存在政府与民间机构协作的潜力，设法使用两种来源的投入进行协作来供给公共服务便不存在优势。因此，政府的非市场行为与市场行为之间应该存在着严格意义上的互补效应，这种效应是双向的、互动的，表现为在一个共同系统中，收益性、竞争性原则会使政府的努力更有效。

（四）公共体育服务产业化发展的动力机制——以山东省为例

1. 经济发展水平是公共体育服务产业化发展的动力

国家强大则体育昌盛，国家衰败则体育羸弱，这是社会生产力发展水平制约体育水平的直观映射；体育强大则体育产业发达，体育落后则体育产业薄弱，这是体育水平决定体育产业发展水平的生动写照。公共体育服务产业涉及的本体产业及相关产业众多，产业链条纷繁复杂。发展公共体育服务产业首先要进行大量的基础设施建设，如重大赛事的场馆建设必须要国家直接投资和政府间接的政策导向，仅靠某些企业和个人的经济能力恐怕难以为继，对体育投入的规模直接影响着公共体育服务产业的发展速度。但财政对体育投入的结构比例和体育消费能力,不仅受控于意识形态、观念和国家的体育政策,还受经济总量、居民人均水平等因素的影响。"一般来说体育人口较多、体育意识较强、大型体育运动较为普及、水平较高的国家和城市,都是一些经济较为发达、人均国民收入也较多的国家"[1]。经济是体育发展的物质基础,体育对经济发展水平有很强的依赖性。因此,公共体育服务产业的发展必须有强大的国民经济收入作为物质基础。以山东半岛蓝色经济区为例,其处于环渤海经济圈、黄海经济圈、东北亚经济圈,区内重点城市GDP总值在全国排名均在前50名,经济发展总体水平在国内位居前列(表5-1),这为区内公共体育服务产业的发展奠定了坚实的经济基础。

表5-1 2020年山东省部分城市数据汇总表

地区	人均GDP(元)	生产总值GDP(亿元)	人口(万人)	GDP在全国排名
青岛	130 535	12 400.8	949.98	13
济南	113 831	10 140.9	890.87	19
烟台	109 504	7814.62	713.80	25
潍坊	62 794	5872.20	935.15	39
临沂	45 047	4805.25	1066.71	46
济宁	53 785	4494.30	835.60	51
淄博	78 213	3673.54	469.68	66
菏泽	39 663	3483.41	878.17	71
德州	53 561	3078.99	574.85	87

数据来源于《山东统计年鉴2020》。

公共体育服务产业的发展离不开经济这个前提,只有经济发展了,国民才有闲暇的时间参与到体育当中来,只有国民广泛的参与,体育市场才能做大做强。因此,经济发展的水平和社会需要,是公共体育服务产业的物质和社会基础。蓝区优越的海洋区位、资源、经济等综合优势,使区内几大中心城市都有

---

[1] 蒙钢.浅谈体育产业与经济发展的关系[J].今日南国,2010(1):59-60.

自己的主要发展方向和功能定位。其中，青岛将被培育成国家级中心城市，成为山东省和黄河流域经济社会发展的"龙头"城市；烟台、威海、日照、潍坊、东营和滨州等区域中心城市的地位和作用将被强化，成为蓝色经济区发展的重要战略节点[①]。在这种经济发展模式影响下，蓝区经济将迎来井喷式发展，这为蓝区公共体育服务产业的发展提供了良好的经济平台。

2. 文化产业发展为公共体育服务产业化发展合成催化剂

文化产业是国际公认的21世纪最有发展前途的"朝阳产业"或"未来取向产业"，对于促进传统产业转型升级，提升综合国力和区域竞争力具有特殊意义[②]。以山东省为例，"十二五"期间山东省文化产业的发展目标是遵循整合资源、形成合力、发挥优势、注重实效，构建具有鲜明区域特色、结构合理、效益显著的文化产业发展总体格局。在这种大环境影响下，未来几年文化产业将成为山东省国民经济的支柱产业之一。

公共体育服务产业是以满足人们的体育需求为前提的，是文化产业的一部分。加快文化产业基地和区域性特色文化产业群建设的过程，势必会推动区域内体育产业的相应发展。文化产业的发展必须立足创新，树立文化产业长远发展战略和经营理念，从根本上提高山东文化产业的核心竞争力。文化产业的大发展将会调整和优化体育产业的所有制结构，拓展融资渠道，促进居民体育消费，营造出有利于体育产业发展的社会环境，可以说文化产业的发展为体育产业的发展合成了催化剂。在这大好形势下，蓝区公共体育服务产业应大力发展公共体育服务产业要素市场，走公共体育服务产业化发展的道路。

3. 其他产业群的形成为公共体育服务产业化发展提供参考

公共体育服务产业在社会经济发展中发挥着日益显著的作用，公共体育服务产业与建筑、制造、旅游、交通、餐饮、信息、展览、广告、媒体和新闻出版等行业的良性互动，充分体现了各产业对公共体育服务产业的辐射效应。公共体育服务产业与其他相关行业的相互联系日益紧密，对各产业优化产业结构

---

① 李建伟，王国鑫.基于点轴开发理论的山东半岛蓝色经济区发展模式研究[J].江苏商论，2010（11）：145-147.

② 王丽梅，牟芳华，董西明.山东文化产业发展现状、问题及对策[J].区域经济，2006（12）：93-96.

具有积极影响，为现代产业的发展注入了新的血液，更好地满足了人民群众多元化需求。因此，在借鉴各产业群发展经验的同时，蓝区公共体育服务产业化的发展也为区内其他产业集群发展增加了活力。

从 1993 年开始，山东省每年拿出 5000 万元资金用于扶持产业集群发展。省中小企业办公室提供的数据显示，目前山东省已经形成销售收入过 5 亿元的产业集群 121 个，其中过 10 亿元的产业集群有 90 个、过 50 亿元的 22 个、过 100 亿元的 9 个。通过产业集群建设，山东省形成了机械制造、纺织服装、建材、化工和食品加工等五大优势产业集群体系[①]，如青岛以家电、电子为核心的多产业集群，烟台的食品产业集群，淄博工业材料产业集群，寿光蔬菜产业集群，滨州家纺产业集群和济南市高新技术产业集群。蓝区公共体育服务产业发展要按照与其他服务业相匹配的要求，突出发展与服务密切关联的以滨海体育旅游、体育中介、体育用品生产、体育赛事运作等为重点的新兴服务业。要借打造蓝色经济区之机遇，积极吸收其他产业群发展壮大的成功经验，着力打造蓝区公共体育服务产业集群。

4. 山东半岛蓝色经济区公共体育服务产业化发展模式构想

体育产业包括体育本体产业、体育外围产业和体育中介产业等。其中，体育本体产业是整个体育产业的核心，包括体育竞技业与大众健身业；体育外围产业包括体育用品、体育器材、体育服装、体育旅游业、体育博彩和体育建筑等；体育中介产业包括体育广告商、体育赞助商和体育保险业等[②]。山东半岛蓝色经济区公共体育服务产业的发展，应充分考虑公共体育服务产业的内涵，结合半岛地区地理、人文环境特点，构建海陆统筹区域联动的集群发展模式。

（1）海陆统筹从 3 个方面入手

海陆相互依存、相互影响、相互贯通，是一个有机整体，要发展蓝区海洋特色公共体育服务产业不能脱离陆地独立发展。打造蓝区公共体育服务产业集群发展模式，要把握海陆体育的内在联系，打破海陆分割的二元结构，推进海陆公共体育服务产业一体化发展。海陆统筹纵深布局可从 3 个方面推进：一是体育本

---

① 袁其刚，夏金宝. 山东省产业集群效应分析及负效应规避 [J]. 山东经济，2006（11）：115–119.

② 鲍明晓. 关于当前我国体育经济工作中应处理好的若干关系 [J]. 成都体育学院学报，1998（3）：1–6.

体产业海陆统筹发展,即把适宜临海发展的产业向沿海布局,同时,把海洋产业链条向内陆纵深延伸。如:以帆船赛为重点的体育竞技业和以海水游泳为重点的大众健身业向沿海各个卫星城市布局,向纵深发展的相关产业链条应以海洋体育旅游和交通运输业为突破口,最终形成 3~4 个竞赛表演和大众健身兼顾的体育本体产业集群。二是体育外围产业圈式发展,即以青岛为核心的体育旅游圈,以烟台为核心的体育用品、体育器材圈,以威海为核心的体育服装圈等,最终形成 3~4 个以体育制造和体育建筑为核心的体育外围产业集群。三是海陆生产要素统筹配置,按照效益最大化的原则,进行海陆双向合理配置。

以沿海青岛、烟台和威海城市群为依托,构筑体育产业集群发展支撑体系,吸引内陆物流、人流、资金流等资源要素向沿海聚集,为发展蓝色经济搭建陆海联动平台,着力打造以青岛为龙头,以烟台、威海为两翼,以半岛城市群为依托的现代化体育产业集群。进一步完善重点产业之间、沿海公共体育服务产业与内地公共体育服务产业之间的网络体系,并按照统筹规划、合理布局、适度超前、安全可靠的原则,向内陆地区扩散,最终形成海陆联动的蓝区公共体育服务产业集群。

(2)区域联动重在内外兼修

蓝区既是一个区域经济,也是一个整体经济,区域内的协调与合作必不可少。打造蓝区体育产业集群,必须避免新形势下"诸侯经济"的抬头。经济区内的各公共体育服务产业要建立协调联动机制。在统一的规划指导下,在充分集聚各产业的比较优势、体现各自的特色的前提下,开展多种形式的区域内合作,实现区域内优势互补、互利共赢、和谐发展。如:以青岛的奥帆赛为契机带动烟台的沙排赛、日照的冲浪赛和威海的铁人赛,促进民间团体的交流。积极组织和支持企业、社会团体间的合作交流,推动区域内公共体育服务产业的合作交流。

蓝区是开放型经济区,与半岛经济区域的日韩相毗邻,公共体育服务产业发展有很多相似性,容易形成良好的合作基础,蓝区公共体育服务产业群全方位参与国际合作的条件优越。因此,必须以更加积极的姿态参与周边区域公共体育服务产业发展协作,使内源和外源产业发展更为协调,拓展对外开放广度和深度,完善内外联动、互利共赢、安全高效的开放型公共体育服务产业发展集群，努力把蓝区公共体育服务产业群建设成为我国对外交流的重要门户[①]。

二、增加公共体育服务有效供给提升城镇化质量

在国外，公共体育服务体系的良好运行与政府、企业、非政府组织、社区居民四大主体要素关系紧密；在我国很长一段时间内政府一直是公共体育服务供给的唯一主体，供给能力有限，很难满足人们对公共体育服务的需求。为了增加公共体育服务供给，应该运用市场化和社会化手段，引导和吸引社会资源参与公共体育服务供给，逐步形成政府、社会非营利组织和市场商业性组织的多元化公共体育服务供给格局[②]。不断完善公共体育服务运行机制，构建一个公平普惠、完备高效的公共体育服务体系，加快体育行政部门职能转移进程，充分发挥体育组织在公共体育服务发展中的作用，最终形成公共体育服务的多维度管理和多层次供给模式。

当前我国公共体育服务供给主体已由政府一家，转化为政府部门、非政府部门、非营利部门、私人部门等多主体并存的局面，而这种多头的供给主体并不是孤立存在的，而是以政府为主，市场组织、非营利组织为辅的线性结合的形式，这种形式构成了公共体育服务的"线"状供给模式。在这个"线"状的供给模式中，单个主体提供公共体育服务的质量和水平参差不齐，必须建立和完善公共体育服务质量的监控制度。相应的服务质量、运行绩效评价体系的建立，可以有效监督各个供给主体的服务能力，进而实现优胜劣汰。随着我国公共体育服务供给主体的多元化发展，政策支持和资金投入的力度将不断增大，相应资源的流动性将进一步得到提高，对城镇经济必然起到一定的刺激作用，从而实现公共体育服务促进经济城镇化质量提升的作用。

（一）公共体育服务有效供给的影响因素

公共体育服务供给，既受自身条件的制约，也受外部条件的影响。因此，对影响公共体育服务供给的自身与外部条件因素，即供给环境的关注十分必

---

① 周文福，佟艳华. 山东半岛蓝色经济区体育产业集群发展研究 [J]. 山东体育学院学报，2013（1）：74–77.
② 曹可强，俞琳. 论体育公共服务供给主体的多元化 [J]. 体育学刊，2009（17）：22–25.

要。所谓的公共体育服务供给环境，是指公共体育服务组织供给服务产品时内外部的不可控的力量和因素，这些力量和因素是与公共体育服务组织活动有关的影响公共体育服务供给的外部条件。要提高公共体育服务供给的效率，公共体育服务组织必须不断去适应供给环境，而这个环境又可分为外部环境和内部环境。

1. 外部环境

研究公共体育服务的外部环境是为了掌握服务过程中存在的客观条件及其规律，从而制定相应的服务政策、服务思路，提供优质服务。一般来说，公共体育服务的外部环境包括政治环境、法律环境、经济环境、科技环境、社会文化环境和自然条件环境等方面。

首先，政治和法律环境。

政治和法律环境因素是指一个国家和地区的政治制度、体制、政治形势、方针政策、法律法规等方面。政府在其中起两个作用：一是促进公共体育服务产品的生产；二是制约和规范公共体育组织在法律、政策范围内从事的服务活动。

其次，经济环境因素。

经济环境是指公共体育服务组织服务过程中所面临的各种经济条件、经济特征、经济联系等客观因素。经济环境是影响公共体育服务的众多因素中最直接、最基本的因素。经济环境因素的敏感指标包括：居民的收入水平、生活状况、消费结构等，这些因素通常是公共体育服务过程中首先要考虑的因素。

再次，科技环境因素。

公共体育服务方式要从被动接受型转到主动参与型，关键要靠科学技术。科技环境作为公共体育服务的总体环境的一部分，不仅影响公共体育服务组织的内部环境，而且直接影响经济环境和社会环境：①影响公共体育服务组织的服务活动；②影响公共体育服务的行为决策；③对人们的生活方式、消费模式和消费需求结构产生深刻的影响。

最后，社会文化环境因素。

社会文化环境是指一个国家或地区的民族特征、文化传统、价值观、宗教信仰、教育水平、社会结构、风俗习惯等。不同的民族、种族和国家，有不同的社会文化传统和社会生活行为准则，从而产生不同的风俗习惯和道德观念。

此外，在同一个民族或国家内，不同的年龄、文化水平、职业及社会阶层会使人们的价值观、思想观念和行为方式也存在差异，从而造成人们体育消费行为的差异。各种社会文化环境因素都会对体育劳务及产品的生产和消费产生不同影响，从而影响公共体育服务方式。

2. 内部环境

内部环境是指公共体育服务组织赖以生存和发展的内部组合因素的总和。对内部环境进行分析研究，可以了解服务者的素质、能力、优势、特点，经过对其进行分析评价，可以找出服务的优势与劣势，进而提高内部动力，提高服务质量。

内部环境一般包括公共体育服务的管理者、服务者的素质；服务过程中人、财、物的关系和职、权、利的关系协调水平；服务产品的质量和社会信誉、服务水平；服务过程中的自主性，即内部活力；服务手段的先进性和低成本。

内部环境主要影响服务主体的服务质量和绩效，对满足社会公众的体育需求状况，对实现公共体育服务目标及实现程度起着重要的作用。

3. 服务环境中的公众

公共体育服务环境中的公众是指对实现公共体育服务目标有实际或潜在利害关系和影响力的团体和个人。公共体育服务面对的广大公众的态度，可以协助也可以妨碍公共体育服务活动的正常开展。因此，必须采取积极措施，树立良好的公共体育服务形象，力求保持与公众之间的良好互动关系，这是搞好公共体育服务的重要因素。这些公众主要包括以下几种。

（1）政府公众

政府公众是指负责管理公共体育服务的有关政府机构。公共体育服务的发展战略与计划，必须与政府的社会发展计划、政策、法规保持一致，争取政府的支持。

（2）投资公众

投资公众是指公共体育服务的出资者，公共体育服务组织必须保持与他们的良好关系，争取他们的资金、物资方面的支持。

(3) 社团公众

社团公众是指各类社会群众团体，公共体育服务关系到他们的切身利益，必须注意来自社团公众的各种意见。

(4) 媒介公众

媒介公众是指报纸、杂志、电视台、广播电台等大众传播媒介，要争取更多更好的有利于公共体育服务的新闻和报道，争取社会舆论支持。

(5) 社区公众

社区公众是指公共体育服务组织所在临近的居民和社区组织人员，必须保持同当地公众的良好关系，积极支持社区的各种活动，争取他们的理解、支持和参与。

(6) 一般公众

一般公众是指上述各种关系之外的社会公众，他们虽然与公共体育服务组织的直接服务没有直接联系，但是公共体育服务组织的良好形象会影响他们，使他们成为潜在的服务对象。

(7) 内部公众

内部公众是指公共体育服务组织的管理人员和服务人员，公共体育服务计划、项目需要得到他们的理解、支持，使其能以积极的态度具体执行。

(二) 公共体育服务管理理念

公共体育服务管理最重要的目标是努力维护、有效增进、公平分配社会公共体育服务利益。传统的政府管理体育的理念认为社会公共体育事务只有政府才能管好，才能解决好。在这种理念影响下，政府对社会公共体育事务大包大揽，管了许多"不该管、管不好、管不了"的事情，这既没有实现政府的良好愿景，也极大地削弱了社会对公共体育服务的自治能力，压制了社会办体育的创造力。在我国体育事业向社会化、大众化发展的今天，体育组织形式、活动方式、利益格局多样化的今天，社会公共体育服务事务的管理应在政府为主导的前提下，吸纳非政府组织和公众的参与，最广泛最充分地调动一切积极因素。因此，"参与、互动、合作、服务"是公共体育服务管理理念的基本内容，也是公共体育服务管理突出公共性的必然要求。

1. 参与

参与，是指政府应支持、鼓励和引导非政府公共体育组织和公众积极参与社会公共体育服务事务的管理。在社会公共体育服务事务管理中，政府是最重要的管理主体，但不应该也不可能是唯一的管理主体。随着社会的发展，各类非政府公共体育服务组织，比如体育社团、体育民间组织等会不断地成长，对社会公共体育服务事务管理的参与意识和能力也会日益的提高；同时，随着公众自主意识的不断增强，他们会主动参与社会公共体育服务事务管理，维护自身合法权益和公共体育服务利益。政府应大力培养非政府体育组织，为他们的发展创造良好的环境，激发社会自我管理和自我服务的活力，引导非政府体育组织和公众以理性合法的方式表达利益诉求，通过制度化途径实现利益整合，解决利益矛盾。良好的制度安排是实现非政府公共体育服务组织和公众有效、有序参与的基础。

2. 互动

互动，是指政府和非政府公共体育服务组织、公众之间的相互关系应不断调整，实现良性互动。政府和非政府公共体育服务组织、公众在社会公共体育服务事务管理中的角色和作用并不是一成不变的。随着非政府公共体育服务组织的不断发展、成熟，公众参与公共体育服务管理的意识与能力不断增强，他们与政府的合作范围必将扩展，与政府的合作程度必将深化，承接政府转移出来的职能也会越来越多，在公共体育服务管理中发挥的作用也会越来越大。在这个过程中，一方面，政府对非政府公共体育服务组织的发育、成长和公众参与起着重要的规范、引导作用；另一方面，非政府公共体育服务组织和公众对政府管理公共体育服务事务的活动起着监督和促进作用。他们之间的关系不是单向的由上而下的命令与服从，而是双向的良性互动。

3. 合作

合作，是指政府和非政府公共体育服务组织、公众应在功能充分分化与有效整合的基础上实现优势互补，在社会公共体育服务事务的共同治理中通力合作。各尽其能、各司其职。社会公共体育服务事务在性质上可分为政治性公共体育服务事务、经济性公共体育服务事务和社会性公共体育服务事务，在层次上可分为全国性公共体育服务事务、地区性公共体育服务事务和社区性公共体育服务事务。不同类型的公共体育服务事务特点不同,对管理主体的能力要求也存在很大的差异。政府和非政府公共体育服务组织、公众在不同性质、不同层次的社会公共体育服务事务管理中应合理分配管理职能,实现管理职能与管理能力的协调。政府和非政府公共体育服务组织、公众之间的合作关系应以平等协商为基础,不能单纯依靠行政命令。

4. 服务

服务,是指政府应强化社会公共体育服务管理中的服务职能。传统的政府管理理念在某种程度上过分强调对社会的管制,而对服务关注不足。强化服务职能,并非撤开管制只讲服务,而是把服务作为管理社会公共体育服务事务的出发点。管制和服务两者在社会公共体育服务事务管理中缺一不可。只讲管制,不讲服务,将抑制非政府公共体育服务组织的成长,遏制社会办体育的创造活力;只讲服务,不讲管制,将导致角色错位和社会无序,人民群众的创造意愿与创造活力最终得不到肯定和支持。因此,公共体育服务事务的管理不仅需要加强和改进管制来规范社会行为,更需要强化政府服务意识,转变政府职能,进一步树立政府与社会的关系,从而为社会公共体育服务事业的发展和进一步激发社会办体育的活力,创造良好的外部条件。

(三) 民间资本的有效融入

公共领域与私人领域一直被看成是一个互相排斥的组成部分。一般认为,私人领域是通过市场交易得以组织,公共领域则是通过政府制度才得以实施。因此,城市公共体育服务自然是通过公共行政体系的一体化命令结构来组织并完成的。然而,随着时代的发展,私人资本已经日益介入原本属于政府公共部门投资的领域[①]。

1. 我国公共体育服务的供给困境

我国公共体育服务的供给困境主要有以下几个方面:一是公共体育服务供给的主体单一;二是公共体育服务供给的对象有限;三是公共体育服务供给的总量不足;四是公共体育服务供给的结构失衡;五是公共体育服务供给的方

---

① 冯云廷, 陈静. 中国公共事业管理体制改革研究 [M]. 沈阳: 东北大学出版社, 2003: 28-30.

式简单；六是公共体育服务供给的制度缺位。因此，长期以来，我国体育行政部门一直是我国公共体育服务供给的绝对主体，在社会公共体育需求不断增长的情况下，这种"政府包办"的单核心公共体育服务供给已不能满足多样化与多层次的公共体育服务需求。因为，政府包办式的供给，供给本身能力非常有限，这必然会导致能够享受到政府公共体育服务的供给对象数量受到限制，同时公共体育服务总量也明显不足，如可提供服务的社会体育指导员数量以及公共体育服务设施等明显不足。公共体育服务供给在物质性供给与非物质性供给，经济性供给与公共性供给等方面存在严重的结构性失衡，并呈现明显的地域性失衡现象。同时，这种自上而下的简单的供给方式以及不健全的公共体育服务的供给制度都在很大程度上制约着我国公共体育服务的发展[①]。这就有必要打破原有的政府独大的局面，有效引入民间资本进入公共体育服务领域，实现公共体育服务的多元化供给。

2. 我国公共体育服务供给困境的破解途径

为了破解我国公共体育供给的困境应从以下几个方面入手。一是，我国城市化进程中公共体育服务发展的多元化趋势明显，这就要求公共体育服务的供给主体也应该多元化发展。政府应将权力进行一定的下放，鼓励并支持私人、企业、社会团体以及非营利组织参与到公共体育服务的供给中来，同时，要对各供给主体的职责划分进行明确的界定，厘清相互之间的关系，政府不再是作为决策的绝对主体出现，更多是充当"舵手"的责任。二是，强调公共体育服务供给内容的质与量的全面提升。政府、社会和企业在参与提供的公共体育服务时，如公共体育服务设施、健康咨询服务和体质健康监测等方面的相关服务，应积极听取人们的反馈，以满足人们的需求为基础。同时，应该加强公共体育服务内容质量方面的制度建设，改革传统的对地方政府以及基层体育管理部门的评价考核标准，打破"唯竞技体育成绩论"的绩效评价机制，将全民健身、城市社区体育发展以及国民体质监测等内容全面纳入对基层体育管理部门的考核评价指标体系中，并对其绩效进行深入的考评。三是，供给方式的创新。改变现有的以政府提供为主的公共体育服务供给模式，转向政府"购买—提供"的模式。政府可以购买一定的服务，也可以以委托形式提供城市社区居

[①] 肖林鹏，李宗浩，杨晓晨，等.论我国公共体育服务的供给困境[J].山东体育学院学报，2008（8）：1-4.

民急需的体育活动指导、体育制度文化宣传等相关服务内容，依托城市社区进行推广。充分利用好市场机制，逐步实现公共体育服务社会化、专业化、市场化，进而实现政府的权威和私人部门的高效率，最大限度地规避"政府失灵"，并充分发挥市场调节的效率性、竞争性和灵活性，为社区居民提供各类专业公共体育服务产品[①]。

3. 民间资本参与我国公共体育服务供给

首先，民间资本引人的理论基础。

目前，我国城市社区公共体育服务资金来源渠道单一，主要是靠政府拨款，自我造血功能差，并未形成政府、中介组织、企事业单位和各界共同投资的局面。同时，社区公共体育服务资金未纳入国家财政预算系列，也未纳入地方人民政府事业费中，加之社区公共体育服务的福利性本质决定了它是利润率较低的一个领域，一般认为，城市公共服务，其投资的回报率低，资本系数高，不适宜民间资本的介入，因此，对民间资本的吸引力也较弱[②]。这主要基于以下3个假设：一是，公共服务具有纯粹的公共物品性质；二是，如果存在一个城市公共服务产业的话，它也属于自然垄断行业；三是，非竞争行业不可以市场化。因此，将民间资本引入城市公共服务中，突破了传统城市公共体育服务供给模式的理论逻辑，上述3个方面的假设也将面临挑战。

从理论上看，并非所有的城市公共服务都具有纯粹的公共物品性质。以城市公共体育服务为例，城市公共体育服务有特定的服务对象，可以提供针对性的服务，如老年人、肥胖者或健身爱好者等，或者说通过个人直接享受公共体育服务，再惠及社会利益。因此，这就决定了公共体育服务可以向具体的服务对象收取一定的费用，公共体育服务的公益性寓于个性化服务之中，因为收费性也可以称为"私人性"的。因此，大多数城市公共服务都属于介于公共物品和私人物品之间具有收费性质的准公共物品。公共体育服务具有纯粹的公共物品性质，可以进行定价，因此，就可以通过民间资本的投资进行运营。

从实践层面来看，对于具有非纯粹公共物品性质的公共服务来说，让市场

---

① 许金锋，麻新远. 城市化进程中我国公共体育服务供给的困境及破解途径[J]. 沈阳体育学院学报，2013（8）：38-43.
② 张志坚. 论新形势下我国社区体育服务发展中的困惑与对策[J]. 吉林体育学院学报，2006（3）：107-108.

发挥作用其效率会更高。民间资本的进入为城市公共服务产业引入竞争机制提供了条件。竞争对经济效率的促进作用表现在它能刺激生产效率和资源配置效率的提高，竞争的这一作用同样也适用于作为非竞争行业的城市公共服务业。从城市公共体育服务的发展来看，公共体育设施建设与服务领域引入竞争是增加有效供给、提高效率、改善服务质量的最有效方式。但是，在公共体育服务产业开放、引入竞争后，必须形成多元化的投资主体，尤其是产权明晰的民间资本的介入，如若不然就很难形成长久的竞争局面，造成竞争的压力与动力不足，经营成本逐渐升高，最终影响供给。

其次，民间资本引入的实践基础。

基于"政府失灵"的原因，市场成为公共体育服务供给的另一主体。在公共体育服务供给中，政府的有限理性导致其无法准确了解每个公民的需求意愿，而市场恰恰可以通过供求关系来实现无数有限理性个体的集合，从而最大程度上实现对社会需求的有效回应。在市场供给方式中，公共体育服务成为可以进行市场化交易的商品，但与此同时它又具有满足社会公共需求的属性。政府可以通过特许经营、使用者付费与服务外包等方式，使公共体育服务参与市场流通领域。例如，将某些公共体育场馆经营权转让给市场主体，市场则通过引入价格机制、竞争机制等，增强公共服务产业活力，实现资源的有效配置。现代管理实践表明，市场方式对于公共体育服务的供给是一种可选择的有效方式。但市场本身也存在着"市场失灵"风险，市场的利益驱动和自发性可能会造成对资源的非理性配置，如提供某些公共体育服务可能会无利可图那么就会拒绝提供，同时市场的趋利性导致了单独市场供给方式可能会使社会公平被忽视，因此，市场供给方式也需要政府的扶持和监督[1]。

因此，我们应坚持以政府投入为引导、鼓励吸收民间资本参与为主要方式的投资模式，加大公共财政对公共体育服务的投入，将体育经费、基本建设资金列入本级常态化财政预算和基本建设投资计划，并随着国民经济的发展逐步增加对公共体育服务事业的投入比重[2]。在引入民间资本进入公共体育服务领域时，应重视民间资本与政府投资之间合作潜力的开发，同时最大限度地发挥

---

[1] 荆俊昌，冯欣欣. 服务型政府背景下公共体育服务的多元化供给研究 [J]. 沈阳体育学院学报，2010（12）：65-67.
[2] 丁鸿祥. 社区公共体育服务供给模式创新研究 [J]. 广州体育学院学报，2012（1）：19-22.

政府投资与民间资本之间的互补效应。

最后,民间资本引入的政策条件。

政府投资与民间资本介入互相补充时,双方的资源才能得到有效整合,才能产生协作效应。这种效应的产生需要一定政策条件的支持,这些政策既要有透明度,也要对两个投资主体都有激励作用。这种互补效应既包括政府投资对民间投资的互补性,也包括民间投资对政府投资的互补性,二者之间是互动的。当来自政府和民间的投资是互补性的时候,公共服务产出由来自两种源泉的投入的某些组合最佳地生产出来(图5-1)。

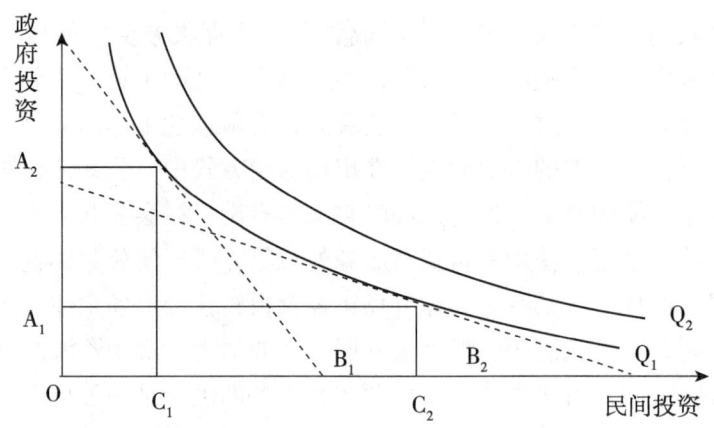

图5-1　政府与民间投资的互补性贡献

现在,存在着两种投资协作的潜力。具有这样的生产函数时,有可能以来自政府与民间投资的许多组合达到相同的产出水平。如果同政府投资的效率相比较,对民间来说投资的机会成本较高,如 B_1 所示,最小成本组合将是来自民间的投资 C_1 和来自政府机构的公共投资 A_2。同样数量的产出 Q_1 也可由来自民间投资的 C_2 和来自政府机构的 A_1 生产出来,而这将是最小成本组合,如果相对成本如预算约束 B_2 所反映的那样。这种情况下,实质问题是要在提高公共服务部门自身投资的生产率的同时,更有效地激励民间资本和协调各方面的投入的努力[①]。

---

① 冯云廷,骆德武.论城市公共服务的有效供给:政府与民间投资的互补性贡献与制度安排[J].财经问题研究,2003(6):52-56.

政策的制定必须有利于突破民间资本在生产选择方面受到的限制，放宽民间资本进入公共服务领域的政策界限，从而为双方打开一个广泛的选择集。政府应该以法律法规的形式规定城市公共服务项目引入民间资本的方式、条件和特许优惠等，建立起一系列运行性公共服务领域市场规则，完善民间资本发展的法治环境。同时政策的制定还必须有助于激励达到他们的最大的生产能力。既最大限度激励民间资本的投资热情，同时也最大限度地减轻政府在公共服务产品投资方面资金不足的压力和沉重的负担，提高政府自身的效率。综上所述，在公共服务投资方面，政府投资与民间投资是互补的，将两种投资有机地整合起来，尽量增加民间资本在公共服务领域的投入，进而最大限度实现政府投资的有效性和公平性，而这一切都依仗于一个合理的政府投资政策和法制化的投资平台。

（四）从政府投资到政府购买

政府购买公共服务，是指政府部门为了履行服务社会公众的职能，通过政府财政向各类社会服务机构直接购买而实现财政效力最大化的行为。在公共医疗卫生、环境卫生、社会养老、公共体育设施、公共教育和就业等诸多领域，政府购买这种方式被广泛应用。政府购买公共服务是一种有效满足社会公共需求的重要途径，在这个过程中政府必须遵循市场的基本原则。当前我国公共体育服务供给中，政府购买的服务主要包括：全民健身设施服务、公共体育指导服务等。政府购买公共体育服务，对传统政府公共体育服务供给具有重要意义[①]。

1. 我国体育行政部门转型助力政府购买公共体育服务

《2001—2010 年体育改革与发展纲要》中明确提出："进一步明确政府和社会的事权划分，实现政事分开，管办分离，把不应由政府行使的职能和社会能够办的事逐步转移给事业单位、社会团体和社会中介组织。体育行政部门要把工作重点转移到贯彻国家体育方针、研究体育事业发展规划、制定体育行业政策、加强管理和提供服务上来。强化体育行政部门的宏观调控、社会行政和行

---

① 赖其军，郁昌店. 从政府投入到政府购买：公共体育服务供给创新研究 [J]. 体育文化导刊，2010（10）：7-10.

业管理职能。"因此，近些年我国体育行政部门的职能正在转型，体育行政部门职能的调整，势必促进政事分开、管办分离，这就进一步促成了部分公共体育服务由政府购买的实施。二十世纪八九十年代，我国经济处在计划经济体制下，政府承担几乎所有属于公共体育的服务，如体育场地设施供给、健康体育指导、体育中介等服务，从机构设置、资金筹集到具体工作的实施，政府无所不包的管理模式限制了专业组织存在的可能性，导致这一时期公共体育服务供给明显不足。

随着我国改革开放程度的深入，我国经济出现了大幅度的提升，经济总量已经跃居世界第二，人均GDP水平也明显增长，特别是北京奥运会后，我国城镇社区公共体育的需求不断膨胀，原有的供给模式已经不能适应新形势的要求。此时，我国政府采购公共体育服务，在社会组织中采购政府不具有生产优势的公共体育服务，不仅可以增加政府供给公共体育服务的总量，进而履行政府供给公共体育服务的基本职责，而且还可以将政府从公共体育服务的微观生产领域中解脱出来，逐步实现政府从"无限政府"向"有限政府"的转变，这样既可以实现体育作为公益性事业存在的合法性，也可以最大限度地保障公民享有体育服务的权利。政府转型的重要意义就在于通过政府购买等供给方式的改革，实现整个公共服务体系的完善。

2. 政府购买服务有利于形成"线"状公共体育服务供给模式

长久以来，公共事业主要由政府一家包办，政府要投入大量的人力、物力和财力进行运作，容易导致政府职能的"越位"与"缺位"现象，同时有些政府机构建设重复，财政资金的利用率低，浪费严重。公共体育服务是公共事业的重要组成部分之一。在传统的政府管理体制下，公共体育服务由政府直接供给，由于人为因素造成的政府偏好和公众偏好，使政府供给公共体育服务时存在投入成本较高、风险系数较高以及供给效率较低等问题，容易造成社会大众公共体育服务需求增加与政府公共体育服务供给不足矛盾的激化。

当前形势下，如何拓展公共体育服务的供给主体、调动社会组织和非营利组织参与到公共体育服务供给中来，是政府转型期必须要面对的问题。而实施政府购买公共体育服务，对形成公共体育服务多元供给主体有极大的推动作用。对形成政府为主，市场组织、非营利组织为辅，线性结合的"线"状公共体育服务供给模式具有重要意义。

首先，政府购买行为可以有效防止政府在公共体育服务供给的"越位"和"缺位"问题，将政府从公共体育服务生产者的角色中解放出来，实现"生产者与提供者"分离的目标，进而减轻了政府的行政负担，降低了社会风险，使政府可以集中精力完成宏观管理的工作。其次，政府购买有利于形成多元供给的竞争格局，公共体育服务的多元化供给，可以有效激发市场组织和非营利组织的生产积极性。即通过政府购买，可以形成市场组织内部、非营利组织内部和市场组织与非营利组织之间的多元竞争格局，竞争格局的形成为有效降低公共体育服务的生产成本提供了基础。最后，政府购买公共体育服务为生产公共体育服务的市场组织和非营利组织提供了广阔的发展领域和利润空间，把市场组织和民间组织发展纳入公共体育服务体制建设中，有利于填补政府在公共体育服务中因意识问题而造成的缺位状况，能够在一定程度上影响政府的公共政策，使政府的公共政策更贴近现实、贴近百姓，提高公共政策的有效性和提高公共体育服务的投入效率。公共体育服务政府购买对充分发挥市场组织和非营利组织在提供公共体育服务方面起积极作用，为形成政府为主，市场组织、非营利组织为辅，线性结合的"线"状公共体育服务供给模式创造了条件。

3. 政府购买服务可以有效地缓解公共体育服务的"供需"矛盾

我国传统的"一元"公共体育服务体制使得公共体育服务的生产与供给方式，是基于政府偏好、从政府效用最大化的视角出发，提供政府最具有生产效率的产品。政府综合消费者的偏好，组织和实现公共体育服务的生产和供给，作为唯一的提供者向公众提供公共体育服务，在一定程度上忽视了公众的公共体育需求意愿，同时由于缺乏竞争压力和动力，公共体育服务生产主体在一定程度上降低了提供优质公共体育服务的主动性，因而提供的产品不仅存在成本较高等问题，而且服务的效率与质量较低，这种取决于政府偏好、政府官员政绩和利益的公共体育服务供给影响了公共体育服务供给的内容、数量和质量，导致公众对政府公共体育服务供给的满意度持续下降，进而造成了我国公共体育服务供给效率较低，服务产品数量较少、质量不高，供求严重失衡等问题。

基于我国公共体育需求不断膨胀和政府公共体育资源投入失衡之间的矛盾，有效化解公共体育服务供需矛盾的局面已经成为政府迫切要面对的问题。而政府购买服务在一定程度上能起到化解上述矛盾的作用。公共体育服务政府购买是将公众急需、而政府无力供给的相关公共体育服务向社会采购。通过政府购买应对公众不断膨胀的公共体育需求，通过灵活、多元、可选择的购买方式，向社会生产主体采购更加符合公共体育需求的产品和服务，可以有效应对公共体育需求的多元化、差异化、扩大化等特征，从而在一定程度上满足公众的公共体育需求。这样也实现了将政府公共体育资源投入公众急需的服务中的目的，对满足公众的公共体育需求具有重要意义。

4. 政府购买优化了公共体育经费的投入模式

经费的投入与使用是公共体育服务发展的动力源泉，当前，我国政府公共体育在经费投入方面形式还过于单一，相关的补偿机制还未建立，竞争性缺乏，费用制约机制不完善，属于典型的供方投入形式，使绝大部分体育经费都流入机构编制、房屋建设、设备器械和人员工资等，真正涉及更多人利益的公共体育服务项目却未得到充分的重视，导致公众对公共体育服务的认同度较低。

政府购买的方式是把公共体育服务经费直接向需方投入，改变了政府公共体育经费的使用程序，降低了经费在使用过程中的消耗，让同等数量的公共体育经费转化为更高的效益。政府计划投入是预先经济行为，需要对公共产品生产主体先拨款投入，而政府采购公共体育服务是事后行为，不需要对生产方预先投入，因此，可以大大降低财政成本和风险成本。传统体制下的政府投入是一经投入，则供给方必然成为政府所辖的国有化单位，供给是典型单一所有制行为，政府采购可以在多元经济体制的供给方中进行选择，供给行为向多元制转变[1]。综上所述，政府购买优化了公共体育经费的投入模式，使政府投资在不需预先投入的情况下，根据大众需求有选择地进行，这样可以使资金的使用目的更加明确，利用率更高。

（五）公共体育服务绩效评价

1. 公共体育服务绩效评价的必要性

对公共体育服务绩效进行评价，是我国公共体育服务体系中不可缺少的重要部分，其目的在于对我国公共体育服务发展的现状做出正确的评估，有针对性地制定出相应的改进措施，以期能够提高我国公共体育服务绩效水

---

[1] 赖其军，郎昌店．从政府投入到政府购买：公共体育服务供给创新研究[J]．体育文化导刊，2010（10）：7–10．

平。公共体育服务绩效评价是指公共组织为了满足公民公共体育需求而提供的公共体育服务产品，运用特定的标准和程序对其进行检验的过程。随着社会的不断发展，公共体育服务已与群众生活息息相关，近年来已成为政府的主要工作内容。经济社会的转型使得人们对体育服务的需求越来越高，公共体育服务已经成为人们优化生活方式和实现人类生存与发展的基本关怀手段，也是体育产业发展的前提与基础。它作为社会公共服务系统的组成部分，对推动我国服务型政府建设发挥着至关重要的作用[1]。公共体育服务绩效评价体系的建立能够加快我国"服务型"政府的转型步伐，对建立服务型高效能政府有重要意义[2]。

公共体育服务作为政府为满足公民体育需求而提供的一种体育服务举措，其服务质量直接影响到公共体育服务的效果。然而，我国公共体育服务的建立与发达国家相比起步较晚，现在仍处于初级阶段，表现出发展不均衡和效益不高的现象。一方面，部分公共体育服务设施长时间闲置，造成了资源的浪费；另一方面，部分群众的基本公共体育服务权益没有得到保障，无论是服务覆盖面还是服务质量，都存在服务的"死角"，影响了公众参与体育活动的积极性，政府的公共体育服务投入没有达到预期效益，没有最大限度地满足广大公民的现实需求。基于以上问题，迫切需要建立一套符合我国公共体育服务机构要求，能够全面、真实、正确反映公民对公共体育服务需求的绩效评价体系，这对于促进我国公共体育服务管理体制的改革，进一步实现体育公民化、体育社区化等公共体育服务的可持续发展，具有重要的现实指导意义和长远的战略意义。

2. 公共体育服务绩效评价的理论框架

公共体育服务是一个多投入、多产出的生产系统，其效益评价涉及的指标众多，只有在充分考虑这些指标的基础上，才能对公共体育服务的结果和质量做出准确的评价[3]。有研究指出，公共体育服务绩效评价理论框架应当包

---

[1] 王秀香，李旭，鲁永学，等. 基于公民满意度的公共体育服务绩效评价体系构建[J]. 南京体育学院学报，2014（8）：41-47.

[2] 韦伟，王家宏. 我国公共体育服务绩效评价体系构建及实证研究[J]. 体育科学，2015（7）：35-47.

[3] 赵聂. 基于DEA模型的公共体育服务绩效评价研究[J]. 成都体育学院学报，2008（6）：8-10.

含3个维度，从评价主体来看，涵盖政府机构提供公共体育服务以及社会公众接受者满意度；从内容来看，包括政府对于公共体育服务资源的利用以及社会公众对于公共体育服务的感知质量；从开展评价的角度来看，包括政府机构自身开展的内部评价和社会民主开展的外部绩效评价。这3个维度相互交叉，形成了公共体育服务绩效的评价体系。对公共体育服务绩效开展评价的标准表现在经济、效率两个方面，采用的方法主要是客观绩效评价方法。而评价绩效的外部标准主要是效益，多采用主观评价方法，满意度是衡量社会效益的重要指标[1][2][3]。

3. 未来我国公共体育服务绩效评价的发展方向

首先，绩效与绩效评价。

绩效是一种普遍存在的概念，意指某一系统运作的过程和结果。从管理学角度来看，绩效应包括效率和效能两个方面。其中，效率是针对过程而言，是指符合既定条件的最少资源，即衡量资源的利用率；而效能是针对结果而言，是目标的正确性及实现的程度。绩效评价是运用运筹原理和数理统计方法，根据特定的指标体系和评价标准，通过对按照一定程序测量和收集的数据资料进行定性与定量分析，获得对企业或组织活动的效率、能力、服务质量、公共责任和公众满意程度等的判断，并对企业或者组织活动过程中投入、产出、成果所反映的绩效进行评定的过程[4]。

其次，从重视结果向重视过程转变。

以往的绩效评价，从流程上主要包括两个方面：绩效目标体系的设置和绩效评价结果的回报，关注的重点在于结果上，就是更多地关注结果而将过程放在次要位置，考核的意味更加突出。这种绩效评价最大的不足在于缺少必要的对绩效实施过程的跟踪与辅导，片面强调结果，不重视对绩效结果的反馈和改

---

[1] 韦伟，王家宏. 我国公共体育服务绩效评价体系理论框架构建[J]. 体育文化导刊，2015（9）：19-24.

[2] 赵书祥. 我国体育领域中综合评价理论与方法及实证的研究[D]. 北京：北京体育大学，2008.

[3] 宋娜梅，罗彦平. 体育公共服务绩效评价：指标体系构建与评分计算方法[J]. 体育与科学，2012（9）：30-34.

[4] 陈旸. 社区体育服务绩效评价[M]. 北京：北京师范大学出版社，2011.

进，其实质反映的是过去的绩效，对评价对象很难起到指导性作用。因此，未来的绩效评价应注重绩效的整个过程，并通过过程来控制结果，实施系统的绩效管理，从计划、改进和考察3个环节入手对绩效进行衡量与评价，从而带来未来的绩效评价。

最后，评价主体的多元化发展。

评价主体是指评价活动的行为主体，也可以简单地定义为直接或间接参与绩效评价过程的个人、团体或组织。评价主体作为评价系统的重要组成部分，其定位的准确度极大程度上影响着绩效评价结果的真实性[1]。目前，我国公共体育服务绩效评价的主体主要是政府部门，相应部门的公平、公正的态度和知情懂行能力直接影响着公共体育服务绩效评价结果的可信度，同时，在我国，政府是公共体育服务供给的主体，这种既当裁判员又当运动员的情况很难使评价结果令人信服。因此，我国公共体育服务绩效评价主体的多元化发展，是提高评价结果信度与效度的必然选择。评价主题的多元化发展应该做到既经济又科学，充分考虑各评价主体的优势与劣势，尽量避免单一评价造成的评价结果片面性的消极影响。在实际操作过程中应从绩效评价的内部与外部两个方面选取评价主体。其中内部评价主体主要应包括：上级政府主管机关、相关同行、公共体育服务供给主体等；外部评价主体主要应包括：相关的专家学者、社会公众和新闻媒体等。同时，为了使公共体育服务绩效的评价结果更加真实可靠，还必须制定合理的评价指标体系，并设计合理的统计权重，最好是进行综合评价，最好是以外部评价为主，以服务对象评价为主。

三、打造公共体育服务集群提升城镇化质量

我国正处于一个重要的战略发展机遇期，体育资源的合理配置是中国体育改革和发展的核心问题。随着市场经济的进一步推进，我们在探讨体育资源合理配置的同时必须按经济规律配置各种资源。这就要求从我国的实际情况出发，按照经济规律，在时间和空间上合理配置区域体育资源，从而提高我国整体体育资源的利用率。在这一背景下，企业集群发展理论也被很多专家所重

---

[1] 陈旸. 社区体育服务绩效评价 [M]. 北京：北京师范大学出版社，2011.

视,并被引入体育研究领域。杨少雄[①]的研究指出,通过体育龙头企业的集群发展、体育专业市场的集群发展、体育俱乐部的集群发展等模式提升体育产业的综合竞争力,从而推动体育产业的进一步发展;祝振军、叶冬清[②]对珠江三角洲体育用品产业集群的现状进行相关分析,提出了促进珠江三角洲体育用品产业集群发展的对策及建议。上述理论均是从某一个方面或角度对某一产业集群的产生、发展进行分析和论述,对区域体育集群的实证研究鲜有报道。可见,对于整个体育事业来说,集群理论研究的宽度和深度,都有一定的发展空间,也是该领域的研究趋势。

(一)公共体育服务集群的内涵

1. 产业集群

产业集群是指在某一特定领域内互相联系的、在地理上邻近或集中分布的公司和机构的集合[③]。当前,集群不仅作为一个理论上的概念,而且在发达国家和发展中国家逐渐成为一个重要的政策工具,旨在促成集聚活动、刺激产业集群和创新要素集聚,并已成为许多国家和地区政府发展区域经济的政策基础[④]。在对公共体育服务集群内涵进行把握时,我们应借鉴在其他产业发展过程中被广泛运用的集群创导理论。集群创导是一种有组织的工作,其目的是促进某地区内某个集群的成长和提高其竞争力,其中涉及集群公司、政府和研究团体。因此,集群创导的主要作用是:①有针对性地培育集群和提高集群的竞争力;②促进集群企业联网、建立信誉并加强对话以形成溢出效应;③形成"三螺旋"(政府、产业界、学术界)之间的伙伴关系[⑤](图5-2)。

---

① 杨少雄.武术产业集群发展的基础条件与路径选择[J].北京体育大学学报,2007(5):607-609.
② 祝振军,叶冬清.珠江三角洲体育用品产业集群发展研究[J].广州大学学报(社科版),2009(4):39-42.
③ 迈克尔·波特.国家竞争优势[M].北京:华夏出版社,2002.
④ 赵忠建,王志强.集群创导:欧盟发展创新集群主要手段[J].科技进步与对策,2011(2):50-54.
⑤ 张晓露,刘科伟.基于集群创导的关中城镇化发展探讨[J].人文地理,2006(2):85-88.

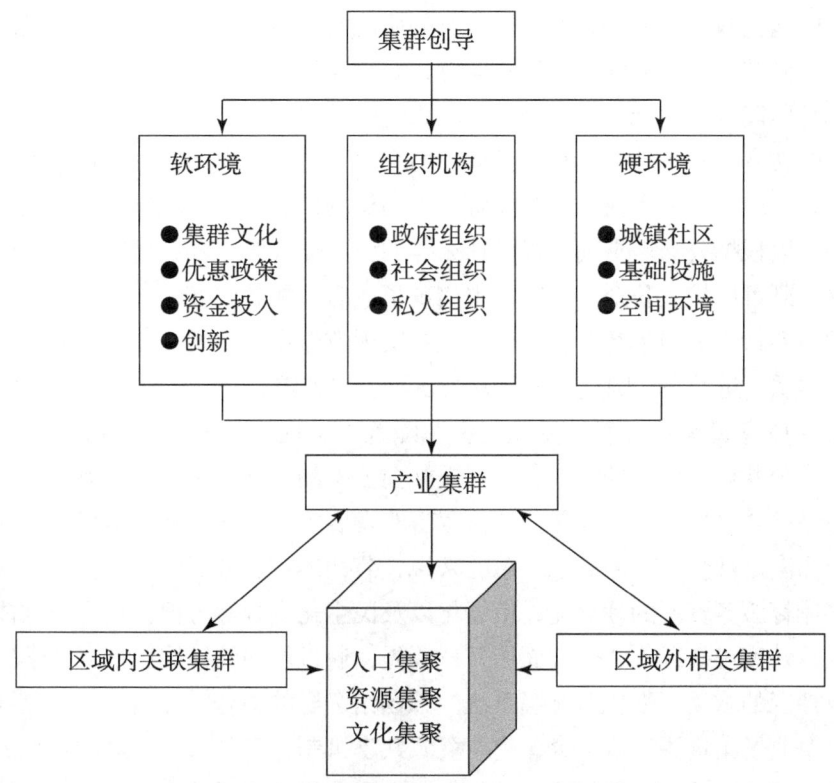

图 5-2 基于集群创导理论的产业集群

2. 公共体育服务集群及发展的原则

基于集群创导理论，本研究提出公共体育服务集群是指在公共体育服务领域内互相联系的、在形式上相近、在功能上互补、在目标上一致的组织和机构的集合[①]。

首先，发展以需求为导向的公共体育服务。

目前基于市场经济发展的要求引入市场竞争机制参与发展公共体育服务，营造政府与社会、各级政府与地方政府间发展公共体育服务的协作机制，进一步完善政府在公共体育服务提供过程中的责任机制，提供促进公共体育服务功能最

---

① 夏忠梁，周文福.城镇化质量建设进程中的体育公共服务集群发展研究[J].沈阳体育学院学报，2015（4）：36-39.

优实现的适宜政策环境等，都需要政府的职能向适应当前公共体育服务发展的方向转变。公共体育服务体系的健康运行，必须实现公共体育服务体系科学发展和政府体育职能部门职能以"公众导向"为基础、以实现"公共体育服务均等化"为目标的转变，随着公共体育服务体系的完善，正好可以将公共体育服务共享功能，即公民应拥有平等获得公共体育服务功能的权利的覆盖范围进一步延伸和放射，并可以根据公众需求确定提供什么样的公共体育服务和如何提供公共体育服务，这样既可以扩大公众参与度，也实现了政府职能的转变，即权力下放，由原来的独断专行逐渐向重在监管转变。最终实现政府主导下的多元化的公共体育服务供给体系，进而最大限度地满足社会各阶层的需求。

　　公共体育资源整合就是要优化资源配置，实现整体的最优，并最大限度地满足公众公共体育服务的需求，是促进社会公平的一项重要工作。无论是经济建设，还是社会文化建设，都是公共体育事业发展关注的核心和根本任务，都是为了适应和满足社会大众的需求。总的来说，公共体育服务资源整合主要表现在推动公共体育服务资源的社会化、市场化以及民主化进程等方面。提升公共体育服务的供给效率可从以下 3 个方面展开：首先，通过加强城镇居民社区、学校社区和企业社区的联动，强化对城镇系统内部场馆资源的整合，如对区内居民社区、学校、企业场馆资源进行整合，建立资源共享机制，满足人民群众健身锻炼的硬件条件；其次，通过人口集聚、文化集聚和需求集聚刺激地方财政在公共体育资源配置过程中投入比例的加大，提高供给效率，使其能够提供足够的、符合当地居民需要的公共体育服务；最后，通过人才集聚、技术集聚实现体育人才资源的整合，鼓励专业人员参与社会体育指导服务，并且加强对专门公共体育工作者素质的教育和培养，注重调动人的工作积极性，发挥人的潜力。

　　其次，实现公共体育服务集聚发展。

　　产业集聚推动城镇化的关键在于产业和市场作为一个循环系统共同推动区域产业环境的改善，促进人才集聚、行业集聚和市场集聚，进而推动与城镇化建设相关的软硬环境的改善，并最终促进城镇化质量的提升。公共事业的基本社会功能主要包括解决现代社会特有问题、推进现代化与民主化、以非政府形式提供公共物品、优化资源配置 4 个方面。公共体育服务作为整个社会公共服务体系的一分子，除表现出公共事业基本社会功能外，通过实现集聚发展可以进一步优化体育资源，即通过体育龙头企业的集聚发展、体育专业市场的集聚发展、体育健身俱乐部的集聚发展等可以最大限度地适应我国的经济发展规律，并在时间和空间上最合理地配置区域内的各种体育资源，从而提高我国整体体育资源的利用率，而具有良好集聚特征的公共体育服务，也势必会对城镇化质量的提升起到更好的推动作用。

城市规模的扩大、人口的增多，为公共体育服务的发展提供了更为强劲的消费市场，也为公共体育服务提供了赖以发展的动力，进而自然地成为拉动公共体育服务发展的重要力量。由表 5-2、表 5-3 数据可以看出，上海市群众体育健身场所 2014—2017 年发展较快，总数量和面积连年增加，湖北省和宁夏回族自治区 2015 年和 2017 年新建群众体育健身场所数量依旧保持在一定的数量范围内。

表 5-2 上海市群众体育健身场所情况

指标	2014 年	2015 年	2016 年	2017 年
社区体育健身设施数（个）	13 529	12 000	13 398	13 653
健身点（个）	11 091	9 905	11 106	11 316
社区健身场地面积（万平方米）	449	452	458	521
社区公共运动场（个）	355	390	390	395
社区公共运动场面积（万平方米）	49.8	53.2	58.5	66.5

注：数据来源于 2018 年上海市统计年鉴。

表 5-3 湖北、宁夏新建群众体育健身场所情况

年份	省份	指标	户外健身场地设施					投资总额（万元）
			体育公园	全面健身广场	户外体育营地	社区体育场	健身步道	
2015 年	湖北	数量（个）	2	13	1	91	20	77 383
		场地面积（万平方米）	20.30	9.30		15.20		
	宁夏	数量（个）	7	21	3	41	5	17 869
		场地面积（万平方米）	3.92	1.44	4.17	1.57		
2017 年	湖北	数量（个）	3	11		37	11	53 402
		场地面积（万平方米）	1.04	3.41		5.48		
	宁夏	数量（个）	2	15	1	50	14	14 776
		场地面积（万平方米）	1.31	6.41	20.00	3.15		

注：数据来源于 2016 年、2018 年湖北省、宁夏回族自治区统计年鉴。

公共体育服务作为一种社会文化传播的途径，是城镇经济建设、精神文明建设和文化传播的重要载体，是城镇化建设进程中社会—经济—环境复合系统中的重要组成部分。因此，随着城镇化建设进程的深入，公共体育服务必然要呈现出一定的集聚性发展趋势。如城市体育中心的建设就是一个公共体育服务集聚的典范。作为城市配套设施发展建设起来的大型体育中心往往是一个"体育综合体"，许多已经成为当地地标式的建筑群，它集体育锻炼、运动休闲、观光旅游、竞赛表演、餐饮等功能于一身，在一定的空间内集聚了很高的"体育势能"，而这个"体育势能"为形成体育文化所需的"动能"提供了基础；作为城市基础设施发展建设起来的休闲体育公园更是一个"体育万花筒"，是一个名副其实的体育运动项目集聚平台，它可以为不同人群提供自己所喜爱的运动项目所需的运动场地；同时与社区建设一同发展起来的健身广场、健身步道更是一个体育人口的集聚地，他们一起运动、一起健身，交流经验、抒发情感，进而形成一种全民参与健身运动，全民追求健康生活方式的良好社会氛围，势必会对社会融合起到极大的推动作用。由表5-4、表5-5数据可见，城镇化进程较快的上海与城镇化进程较慢的宁夏相比，城镇居民人均消费性支出存在较大差异。上海市城镇居民的医疗保健消费比例明显低于宁夏，而宁夏城镇居民的教育文化娱乐消费明显低于上海。这不仅反映出上海市城镇居民的健康水平高于宁夏，更反映出了上海市城镇居民对文化娱乐方面消费的积极性较高。

表5-4 上海市城镇居民人均消费性支出

指标	2011年	2012年	2013年	2014年	2015年	2016年	2017年
医疗保健消费（元）	1141	1017	1350	1449	2268	2271	2602
占总消费支出的（%）	4.5	3.9	4.8	4.7	6.5	6.0	6.5
教育文化娱乐消费（元）	3746	3724	4122	4931	3718	4534	5087
占总消费支出的（%）	14.9	14.2	14.6	16.2	10.6	11.1	12.2

注：数据来源于2018年上海市统计年鉴。

表 5-5 宁夏回族自治区城镇居民人均消费性支出

指标	2011 年	2012 年	2013 年	2014 年	2015 年	2016 年	2017 年
医疗保健消费（元）	978	1063	1159	1617	2016	1874	1554
占总消费支出的（%）	7.6	7.5	7.6	9.4	10.6	9.2	10.1
教育文化娱乐消费（元）	1411	1516	1868	1958	2390	2416	1956
占总消费支出的（%）	11.2	10.8	12.2	11.4	10.5	10.8	11.7

注：数据来源于 2018 年宁夏回族自治区统计年鉴。

（二）公共体育服务集群发展的优势

1. 公共体育服务集群发展的集聚作用促进城镇化质量的提升

城镇是一定区域范围内的政治、经济、文化和社会中心，其功能表现在多方面，既有服务于城镇自身的基本功能，也有服务于城镇之外的区域功能。城镇化质量的建设要求完善城镇功能，改善人居环境，促进民生发展，强化设施配套和公共服务体系建设，推进基本公共服务均等化的发展。因此，城镇化质量的提升离不开城镇功能的更新与完善，资源利用的节约与集约，基础设施、公共服务设施的建设，以及投资结构、消费方式和人居环境等方面的改善[①]。公共体育服务作为一种社会文化传播的途径，是城镇经济建设、精神文明建设和文化传播的重要载体，公共体育服务集群发展在城镇化质量提升过程中必将发挥重要的作用。公共体育服务集群发展不仅可以为面宽量大的城镇公共体育服务需求提供一种有效的城镇区域空间集聚供给模式，极大地完善城镇公共体育服务体系，同时具有良好集聚效应的公共体育服务集群，作为地方公共活动的主要载体，必然带动地方社会结构与人口空间结构调整，并连锁性地引发社会结构的变化，同时，多方面、全方位地驱动人口城镇化的演进，产生良好的

---

① 方辉振. 推进城镇化是现阶段我国扩大内需的重要途径 [J]. 青岛行政学院学报，2010（3）：11–15.

规模效应。

公共体育服务集群发展将带来体育公共服务结构的转型，使得公共体育服务供给量、供给层次、供给效率等方面逐步提高。从今后我国公共体育服务的发展战略方向看，多元主体参与的城乡统筹的公共体育服务供给；政府、企业、非政府组织、社区居民联动的运行机制；完善的绩效评价和效果反馈机制；追求公平与效率的均等化发展目标将会得到更大的政策支持和优先发展。与公共体育服务发展相关的基础设施建设、功能分工以及资源环境效率等方面的大力改善，势必推动公共体育服务向效率化和均等化方向演进，从而促进城镇化质量的不断提升。因此，基于集群的公共体育服务发展模式在促进公共体育服务质量提升的同时，必然会连带驱动城镇质量化的发展，必将成为有效推动城镇化质量提升的新动力[①]。

2. 公共体育服务集群发展的辐射作用加速城镇化质量的提升

有研究表明，随着我国城镇化的进程，我国城镇家庭恩格尔系数从1978年的约59%下降到2008年的37.9%，现在我国城镇居民的恩格尔系数按照联合国的标准已经属于相对富裕水平，但是根据中科院2011年发布的城市生活质量报告显示，城市居民生活主观满意度仍然偏低。究其原因是城镇居民接受的公共服务与自身的体质健康下降有关。因此随着我国城镇居民经济水平的提高和闲暇时间的增多，需要我们不断完善公共体育服务体系以满足城镇居民日益增加的公共体育服务需求[②]。

在这种形式下公共体育服务集群发展的优点必将显现，公共体育服务集群发展将带来公共体育服务结构的转型，使得公共体育服务供给量、供给层次、供给效率等方面逐步提高。从今后我国公共体育服务的发展战略方向看，多元主体参与的城乡统筹的公共体育服务供给；政府、企业、非政府组织、社区居民联动的运行机制；完善的绩效评价和效果反馈机制；追求公平与效率的均等化发展目标将会得到更大的政策支持和优先发展。与公共体育服务集群发展相关的基础设施建设、资金投入力度以及资源的优化配置等方面的大力改善，势必推动公共体育服务向效率化和均等化方向演进，从而促进城镇化质量的提

---

① 贾文艺，唐德善. 产业集群理论概述[J]. 技术经济管理研究，2009（6）：125-128.
② 刘树民. 吉林省城镇化进程中体育公共服务体系的研究[J]. 才智，2013（9）：276-277.

升;同时,公共体育服务集群发展还可以为面宽量大的城镇公共体育服务需求提供一种有效的城镇区域空间集聚供给模式,极大地完善城镇公共体育服务体系,作为地方公共活动的主要载体,具有良好集聚效应的公共体育服务集群必然带动地方经济与文化的发展,并连锁性地提升广大城镇居民的社会归属感和对国家的认同感,从多方面、全方位产生良好的规模效应,驱动城镇化质量的提升。因此,公共体育服务集群发展在促进公共体育服务质量提升的同时,必然会连带驱动城镇质量化的发展,必将成为有效推动城镇化质量提升的新动力。

(三)"点、线、面"结合的公共体育服务集群发展模式

1. 公共体育服务"点"状集群发展

(1)功能性集群

工业化创造供给,城镇化创造需求。城镇化建设将带来巨大的公共服务需求,包括交通、建筑、医疗服务、文化和体育等诸多领域会涌现出大量的投资和就业机会,起到消化过剩资本和过剩产能的作用[①]。体育作为公共服务事业的一部分,不仅可以促进居民消费,改善政府投资结构,同时可以增加就业机会,消化过剩产能和过剩社会资本。公共体育服务对城镇经济发展的直接作用主要表现在:①促进体育消费,扩大市场流通。随着公共体育服务的发展,各种各样的体育活动势必增加,体育用品消费也必然增加,比如运动服装、运动鞋、各种体育器材和运动饮料食品等。这些消费品在我国城镇已经形成了一定的市场,随着体育消费市场的繁荣必将带动流通领域的繁荣,从而促进经济发展。②增加投资点,提高就业率。城镇化基础设施建设中一个重要组成部分是体育场馆设施、社区健身路径、体育休闲广场和大型体育中心的建设,公共体育服务硬件设施的建设必然会对相关产业如建筑业、加工制造业和设计业等产生影响,并对城镇的经济发展、劳动就业起到间接的带动作用。③促进新兴产业发展,直接带动经济发展。各城镇根据本地区的自然禀赋和文化传统,大力建设各种体育旅游点,开发极具地域特色的体育旅游项目,如潜水、帆船、漂流、骑马、滑雪、滑草、民族体育表演等,除充实本地区体育公共服务实力以外,更为本地区带来了可观的经济效益,从而直接促进城镇经济发展。④为

---

① 夏锋. 提高城镇化质量关键在转型与改革[J]. 中国合作经济,2012(9):21-22.

区域经济发展注入新力量。随着奥运会等大型体育竞赛的开展，相应的交通、物流、信息、资金以及人口等迅速向比赛地周围聚集，加快了人流、物流和资金流的流动速度，形成局部的经济热点，为推动该区域的经济发展注入了新的力量。

（2）实现策略——不断丰富体育公共服务供给方式

为了更好地实现公共体育服务，促进城镇经济发展，提升经济城镇化的作用，本研究探索性地提出基于功能的"点"状公共体育服务集群发展战略。基于功能的"点"状公共体育服务集群的核心是增加政策支持和资金投入，不断丰富体育公共服务的供给方式，以功能分区为出发点，以社区健身路径、体育休闲广场、大型体育中心和体育旅游点的建设与开发等为重心，努力建设设施齐全、功能互补、服务区内居民的"点"状公共体育服务集群。具体包括：体育休闲集群、体育健身集群、体育观赏集群和体育旅游集群等（图5-3）。由此，通过"点"状公共体育服务集群的建设，促进健身产业、体育旅游业的发展。

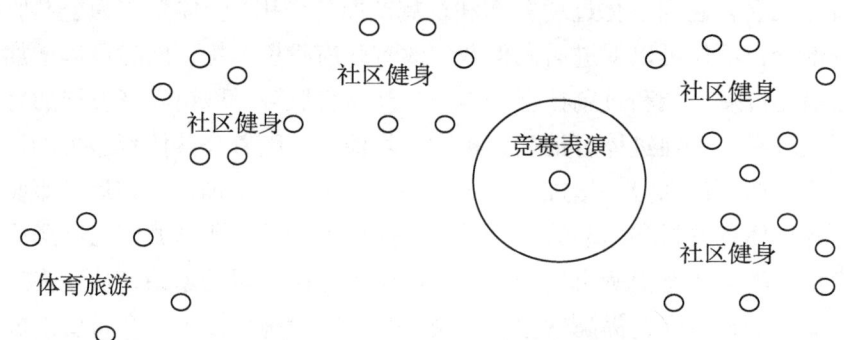

图5-3 基于功能的"点"状体育公共服务集群

2.公共体育服务"线"状集群发展

（1）效率性集群

城镇化进程中的非农化必然带来社会人口的变迁，大量被城镇化的居民与原居住在城镇的居民结合形成一个新的共同体，这个共同体中个人有着各自的利益、目标、价值观念和行为方式，社会结构发生明显的变化，伴随着社会结构的变化是一个漫长而复杂的融合过程。在这个融合过程中，必须加快社会城镇化的进程，而社会城镇化的进程更是一个社会整合的过程。社会整合指社会不同的因素、部分结合成为一个协调统一的社会整体的过程，亦称社会一体化或社会团结。加快社会整合的速度，关键在于促进城镇公共服务和社会保障统一化和效率化，使所有城镇居民能够有屋可居、有业可就，活得有尊严、有保障，这也是城镇化质量建设的主要目标。公共体育服务作为一种社会文化传播的途径，是城镇精神文明建设和文化传播的重要载体，在城镇社会整合过程中必将发挥重要的作用。现代体育以高度的文明和崇高的道德构筑人的精神，提高人的素质和锤炼人的意志，同时以文明和道德作用于人，并通过作用于人而作用于社会。因此，加强公共体育服务建设首先是要最大限度地发挥体育文化传播的功能。转变部分城镇居民落后的不健康的生活观念，排斥黄、赌、毒等劣等文化的存在与发展，优化社会环境、促进城镇精神文明建设向前发展。其次要最大限度地发挥体育精神文明建设的功能。体育运动所倡导的公平竞争、尊重裁判、尊重对手、遵守规则等道德观念，一旦内化到人们的内心世界，变成人们的自觉行动，将有力地促进全社会的道德建设水准，必将对城镇居民的道德风尚、价值观念、人际关系产生重要的影响。最后是发挥体育的心理调节功能。体育锻炼还可以调节人的情绪和心理状态。一个喜欢体育锻炼的人一般心胸比较豁达，社会交往能力、团队合作的精神、亲和力等都比较强[①]。

（2）实现策略——进一步优化体育公共服务供给结构

随着我国城镇化建设的深入，城镇居民人口不断增加，公共体育服务"需求点"的数量日益增多，公共体育服务需求总量日益增大。但是在城镇化质量建设进程中，大量农村人口涌入城镇，城镇人口必然会发生结构性变化，单个需求点的公共体育服务需求会出现显著性的差异。为了更清楚地说明这个问题我们引入公共体育服务需求阈这个概念，公共体育服务需求阈指"需求点"公共体育服务需求得到满足的最低值。这里的"需求点"指的是每一个带有特定需求，分布在城镇各个地区的城镇居民。而有需求就会有供给，与"需求点"对应的是提供公共体育服务的供给主体，我们将其定义为"供给点"。"供给点"提供服务的量即"供给量"。由于公共体育服务需求是否得到满足与"需求点"的需求意愿和公共体育服务供给量有关，因此，公共体育服务需求阈是需求意愿与公共体育服务供给量之间的比值。如图5-4所示，"需求点"的需求意愿

---

① 赵泽林．理性看待城镇化：质量先行 [J]．中国集体经济，2008（7）：48-49．

分成 3 个等级：强、中、弱；"供给点"的供给量也分成 3 个等级：小、中、大，并分别赋值。由所得需求阈的阈值可以看出，具有不同等级需求强度的"需求点"在不同等级的体育公共服务供给区域表现出来的需求阈存在明显的差异。需求意愿越强的"需求点"，如果处在公共体育服务供给量较小的区域，其公共体育服务需求阈越高，而需求意愿低的"需求点"，如果处于公共体育服务供给量大的区域，其公共体育服务需求阈越低（图 5-4）。因此，我们可以得出公共体育服务需求阈是一个动态的相对值，为了满足动态的需求，供给效率就显得十分关键①。

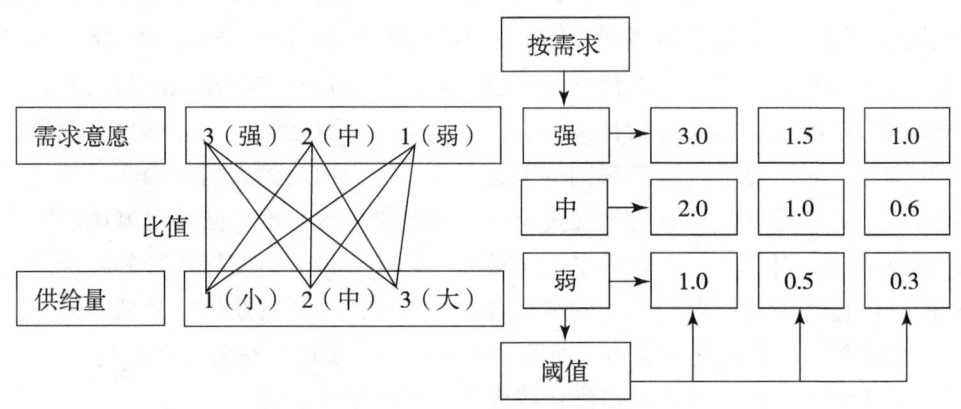

图 5-4　体育公共服务需求阈结构图

为了实现公共体育服务促进社会城镇化发展进程。本研究探索性地提出基于效率的"线"状公共体育服务集群发展战略。基于效率的"线"状公共体育服务集群的核心是优化公共体育服务的供给结构，大力发挥社会力量和市场调节功能，促使公共体育服务供给主体向多元化发展。而这种多元的供给主体并不是孤立存在的，而是以政府为主、社会为辅、市场为补的线型结合的形式，这种形式构成了"线"状公共体育服务的供给模式（图 5-5）。这种模式的最大优点就是通过不同的供给主体来解决各"需求点"不同的公共体育服务需求，从而最大限度地提高公共体育服务的供给效率。

---

① 周文福，崔鑫. 体育公共服务在城镇化质量建设中的作用 [J]. 山东体育学院学报，2011（2）：15-17.

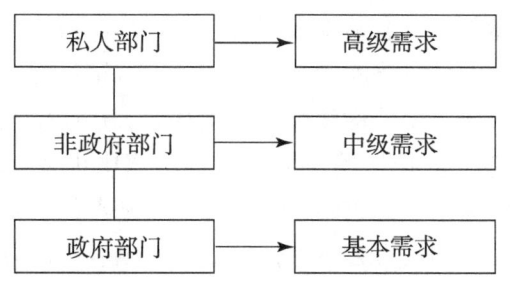

图 5-5 基于效率的"线"状体育公共服务集群

3. 公共体育服务"面"状集群发展

（1）均等化集群

城镇化要求完善城镇功能，改善人居环境，强化配套设施和公共服务，推进基本公共服务均等化，改善民生，建立与经济发展水平相适应的城乡社会保障体系，不断提升城市规划建设管理水平，促进城市经济社会协调可持续发展。但是随着现有城市空间的扩张和人口的增加，导致城市内部出现明显的结构性矛盾。陶然、曹广忠[①]的研究指出我国城镇化发展过程中"空间城镇化"和"人口城镇化"存在明显不匹配的问题，解决的关键是土地征用体制的市场化，同时引入土地增值税和财产税来充实地方税基，从而为农村流动人口提供与"户口"相关的基本福利，并提出"空间城镇化"促进"人口城镇化"的观点。许玉明[②]的研究认为空间城镇化与人口城镇化同处于城镇化的大系统中，但分成不同的子系统，受各自的二元制度体系约束，人口城镇化进程极慢，空间城镇化势不可挡，提出我国城镇化发展中存在人口城镇化滞后于空间城镇化的问题。因此，在我国城镇化建设进程中"空间城镇化"与"人口城镇化"不匹配的矛盾是影响城镇化质量的重要因素。这个矛盾带来的直接后果就是随着城镇的外延发展，城镇空间规模在绝对值上不断扩大，但农村失地和进入城市务工人口不断涌入，又使城镇内部相对的生活空间逐渐缩小，相应的基础设施建设、环境综合治理、社会保障和公共服务等方面的建设出现明显的滞后，"半

---

① 陶然，曹广忠."空间城镇化"、"人口城镇化"的不匹配与政策组合应对[J]. 改革，2008（10）：83-88.

② 许玉明. 从"空间城镇化到人口城镇化"的制度创新：与陶然、曹广忠商榷[J]. 改革，2009（4）：147-150.

城镇化人口"不断增加，社会不稳定因素逐渐增多。城镇化质量建设，注重以人为本、着力解决人的城镇化问题，核心是人口城镇化的问题。公共体育服务体系的建立在改善人居环境、构建生态文明社会、建设生态城市过程中发挥重要作用的同时，在应对城镇居民生活方式的转变中也发挥着重要作用。如随着老龄化社会程度的深入，健康问题逐渐凸显。随着经济条件的改善、闲暇时间的增多，人们有时间和精力去参加体育活动，随着生产方式和生存环境的转变，人们的生活压力、精神压力逐渐增大，需要一种健康的方式去释放，大力发展城镇公共服务体系对上面这一系列的问题都有一定的缓解作用。而公共体育服务是所有公共服务项目中能够最快实现上述目的的公共服务项目之一。

（2）实现策略——努力实现体育公共服务均等化

为了实现公共体育服务在促进"空间城镇化"与"人口城镇化"协调发展中的作用，本研究探索性地提出基于均等化的"面"状公共体育服务集群发展战略。基于均等化的"面"状公共体育服务集群的核心是按照不同城镇人口规模及同一城镇不同区域人口规模测算不同城镇、不同区域公共体育资源的配置标准，实现城镇公共体育资源配置的均等化，大力发挥公共体育服务在改善生活环境，激发社会正能量等方面的作用，努力形成一个汇集健身、娱乐、文化为一体的，旨在实现城镇公共体育服务均等化的城镇公共体育服务面，提升城镇公共体育服务均等化水平，加快人口城镇化发展速度（图5-6）。

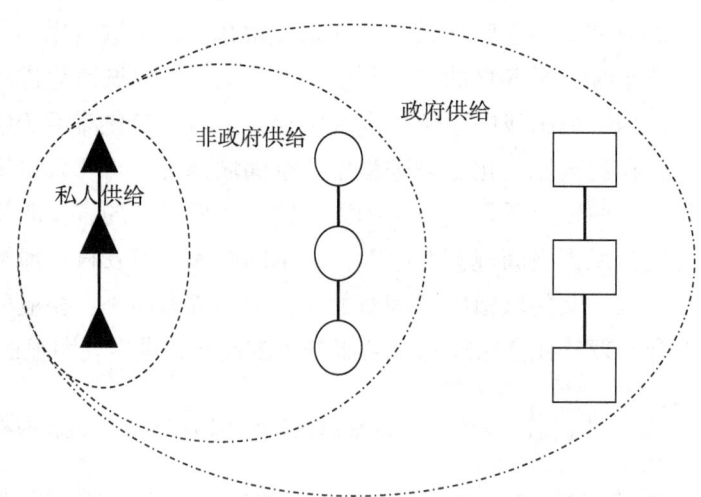

图5-6 基于均等化的"面"状体育公共服务集群结构

第六章
结　语

　　第一，城镇化质量建设需要推动产业发展由资源依赖型向创新驱动型转变，由数量增长型向质量增长型转变，逐步形成创新驱动、内生增长、绿色发展的新机制，切实转入以人为本、全面协调可持续发展的新轨道，更加强调人口转移型城镇化向结构转换型城镇化发展，更加突出城乡一体化发展，更加注重资源节约和环境友好，从而有效推进城镇化质量建设中诸要素的协同发展，这就给公共体育服务发展提出了新的要求。

　　第二，发展公共体育服务不仅可以满足人们日益增长的体育文化需求，而且可以直接促进居民体育消费，优化体育产业链条，对改善政府和企业的投资结构和政府购买服务结构，增加就业机会，对消化过剩产能和过剩社会资本都具有一定的作用。

　　第三，公共体育服务在协调城镇居民人际关系、改善人居环境、提高生活质量过程中发挥重要作用的同时，在提高城镇居民生存能力、转变生活方式中也发挥着十分重要的作用。

　　第四，通过丰富公共体育服务供给，使人参与到体育活动中来，不但可以塑造健康的体魄，也可以健全人的心灵，拉近人与人的自然距离，协调人与人之间的社会关系，更重要的是可以提高人的生活质量，促进人的全面发展，丰富社会文化生活，维护社会稳定，对我国构建和谐社会意义重大。

　　第五，公共体育服务产业的多元化发展趋势使公共体育服务产业涉及的行业越来越宽泛，目前，公共体育服务产业正逐步将咨询业、娱乐业、保险业、旅游业等行业融入。公共体育服务产业对经济发展的推动力越来越受到各行各业的重视，目前正在逐步形成真正的产品交易市场，专业化分工水平不断提高，相关产品数量逐渐增多，公共体育服务产业的价值已经通过市场交易得到了实现。

第六，从今后我国公共体育服务的发展战略方向看，多元主体参与的城乡统筹的公共体育服务供给；政府、企业、非政府组织、社区居民联动的运行机制；完善的绩效评价和效果反馈机制；追求公平与效率的均等化发展目标将会得到更大的政策支持和优先发展。因此，具有良好集聚效应的公共体育服务集群必然带动地方经济与文化的发展，并从多方面、全方位产生良好的规模效应，驱动城镇化质量的提升，并连锁性地提升广大城镇居民的社会归属感和对国家的认同感。

第七，目前，我国的一些经济较发达的城市公共体育服务集群建设已经进入了快速发展阶段，现有集群影响力不断提升，初步形成了一定的竞争力。公共体育服务集群发展，有利于品牌集群的形成，而集群品牌的形成，一方面，可以解决单个产业品牌影响过小的问题，使集群内的各相关产业也都可以从中受益，起到"抱团取暖"的效果；另一方面，集群品牌与单个品牌相比，更形象、直接，是众多品牌精华的浓缩和提炼，更具有广泛的、持续的品牌效应。

参考文献

[1] BRUCE K, PETER D.Human rights in sports［J］.International review for the sociology of sport, 2000（2）: 131-148.

[2] ERKIP F.The distribution of urban public services: the case of parks and recreational services in Ankara［J］.Cities, 1997（6）: 353-361.

[3] FORSTER M. The meaning of death: some simulations of amodel of healthy and unhealthy consumption[J]. Journal of health economics, 2001（20）: 613-638.

[4] FREDBERG, TOBIAS.The paradox of tie strength in customer relationships for innovation: a longitudinal case study in the sports industry[J].R&D management, 2011（5）: 470-484.

[5] NAGEL, STUART S.Efficiency, effectiveness, and equity in public policy evaluation［J］.Policy studies review, 2008（6）: 99-120.

[6] SHAW S.Touching the intangible an analysis of the equality standard: a framework for sport［J］.Equal opportunities international, 2007（5）: 420-434.

[7] 白秀银. 城镇化进程中公共管理与民族文化的结合研究 [J]. 贵州民族研究, 2018（5）: 33-36.

[8] 鲍明晓. 关于当前我国体育经济工作中应处理好的若干关系 [J]. 成都体育学院学报, 1998（3）: 1-6.

[9] 蔡玉军, 邵斌, 魏磊, 等. 城市公共体育空间结构理想模式研究 [J]. 天津体育学院学报, 2012（5）: 432-436.

[10] 曹可强, 俞琳. 论体育公共服务供给主体的多元化 [J]. 体育学刊, 2009（10）: 22-25.

[11] 曹可强. 论政府公共体育服务供给的需求导向: 以上海市为例 [J]. 成都体育学院学报, 2011（11）: 1-4.

[12] 曹锐成.体育文化在社区管理中的功能研究[J].体育文化导刊,2014(9):13-16.

[13] 常乃军,王永平.体育与人的社会化及其相关概念辨析[J].体育教育与研究,2014(2):5-7.

[14] 陈明,张云峰.城镇化发展质量的评价指标体系研究[J].中国名城,2013(6):16-22.

[15] 陈明.中国城镇化发展质量研究评述[J].规划师论坛,2012(7):5-9.

[16] 陈清,张梓瑞.基于熵:耦合模型的区域经济、社会环境与体育产业的协调度研究[J].武汉体育学院学报,2018(7):49-55.

[17] 陈庆云.公共管理基本模式初探[J].中国行政管理,2000(8):31-33.

[18] 陈融.世纪之交中国体育的目标取向[J].上海体育学院学报,1999(3):1-5.

[19] 陈旸.社区体育服务绩效评价[M].北京:北京师范大学出版社,2011.

[20] 陈振明.公共服务导论[M].北京:北京大学出版社,2011:52-53.

[21] 程莉,周宗社.人口城镇化与经济城镇化的协调与互动关系研究[J].理论月刊,2014(1):119-122.

[22] 丛湖平.体育产业理论与实践[M].北京:人民体育出版社,2006.

[23] 戴健,郑家鲲.我国公共体育服务体系研究述评[J].上海体育学院学报,2013(1):1-8.

[24] 丁鸿祥.社区公共体育服务供给模式创新研究[J].广州体育学院学报,2012(1):19-22.

[25] 董黎.社区体育与老龄化社会[J].河南职工医学院学报,2007(10):474-475.

[26] 樊炳有.体育公共服务的理论框架及系统结构[J].体育学刊,2009(6):14-19.

[27] 樊炳有.我国体育公共服务供给制度及实践路径选择探讨[J].体育与科学,2009(7):27-31.

[28] 范冬云.我国体育公共服务研究中几个问题的探讨[J].成都体育学院学报,2012(2):6-9.

[29] 范冬云.中国城市化进程中的乡镇体育公共服务研究:基于广州市花都区新华街的实地调查[J].成都体育学院学报,2013(2):6-9.

[30] 范虹珏，刘祖云. 中国城镇化空间发展态势研究：基于人口、土地、经济城镇化协调发展的视角[J]. 内蒙古社会科学（汉文版），2014（1）：95-100.

[31] 方辉振. 推进城镇化是现阶段我国扩大内需的重要途径[J]. 青岛行政学院学报，2010（3）：11-15.

[32] 冯国有. 体育公共服务均等化及其财政政策选择[J]. 上海体育学院学报，2007（11）：26-31.

[33] 冯云廷. 公共服务产业的性质及其组织意蕴[J]. 山东财政学院学报，2004（4）：22-25.

[34] 冯云廷，骆德武. 论城市公共服务的有效供给：政府与民间投资的互补性贡献与制度安排[J]. 财经问题研究，2003（6）：52-56.

[35] 冯云廷，陈静. 中国公共事业管理体制改革研究[M]. 沈阳：东北大学出版社，2003：28-30.

[36] 耿海清，陈帆，詹有卫，等. 基于全局主成分分析的我国省级行政区城市化水平综合评价[J]. 人文地理，2009（5）：47-50.

[37] 公共服务[EB/OL].[2022-06-15].http：//baike.so.com/doc/33277-34708.html.

[38] 公共空间[EB/OL].[2022-06-15].http：//baike.so.com/doc/6578882-6792650.html.

[39] 郭叶波. 城镇化质量的本质内涵与评价指标体系[J]. 学习与实践，2013（3）：13-19.

[40] 郭远兵. 体育文化介入城市白领移民社会融合的或然分析：与从体育参与介入相比较[J]. 武汉体育学院学报，2017（12）：25-29.

[41] 国家体育总局干部培训中心. 推动体育改革发展促进社会和谐[M]. 北京：北京体育大学出版社，2008.

[42] 韩增林，刘天宝. 中国地级以上城市城市化质量特征及空间差异[J]. 地理研究，2009（11）：508-514.

[43] 郝华勇. 基于主要成分分析的我国省域城镇化质量差异研究[J]. 中共青岛市委党校青岛行政学院学报，2011（5）：27-29.

[44] 郇昌店，肖林鹏. 我国公共体育服务概念的辨析：兼与范冬云先生商榷[J]. 西安体育学院学报，2011（5）：305-308.

[45] 郇昌店，肖林鹏，杨晓晨，等. 我国公共体育服务发展述评[J]. 体育学刊，

2009（6）：20-24.

[46] 霍军.体育产业链优化与发展策略研究[J].体育科学研究，2011（5）：11-14.

[47] 加快城市基础设施建设 推进城镇化健康发展[EB/OL].[2022-6-15]. http://www.gov.cn/gzdt/2014-02/25/content_2621191.htm.

[48] 贾文艺，唐德善.产业集群理论概述[J].技术经济管理研究，2009（6）：125-128.

[49] 金占明.战略管理：超竞争环境下的选择[M].北京：清华大学出版社，2004.

[50] 经济结构[EB/OL].[2022-06-15].http://baike.so.com/doc/1444038-1526468.html.

[51] 经济结构调整[EB/OL].[2022-06-15].http://baike.so.com/doc/6017611-6230602.html.

[52] 荆俊昌，冯欣欣.服务型政府背景下公共体育服务的多元化供给研究[J].沈阳体育学院学报，2010（12）：65-67.

[53] 景杰.人口城镇化进程中的生态风险防范[J].宏观经济管理，2015（7）：76-80.

[54] 赖其军，郇昌店.从政府投入到政府购买：公共体育服务供给创新研究[J].体育文化导刊，2010（10）：7-10.

[55] 蓝国彬，樊炳有.我国体育公共服务供给主体及供给方式探析[J].体育科研，2010（3）：27-31.

[56] 蓝国彬.实现城乡公共体育服务均等化的路径思考[J].体育与科学，2010（3）：63-65.

[57] 蓝庆新，郑学党，韩雨来.我国人口城镇化质量发展的空间差异研究[J].社会科学，2013（9）：26-30.

[58] 李慧娟.中国城市服务业集聚测度[J].经济问题探索，2013（4）：13-19.

[59] 李建伟，王国鑫.基于点轴开发理论的山东半岛蓝色经济区发展模式研究[J].江苏商论，2010（11）：145-147.

[60] 李明.对"观赏型"体育消费的初步理论探讨[J].南京体育学院学报，2000（3）：20-23.

[61] 李旭天，吴建华，于中杰，等. 城镇化进程中新疆生产建设兵团城镇体育公共服务研究 [J]. 体育世界，2010（12）：53-54.

[62] 李益群，骆玉峰. 城市化、老龄化与中国体育公共政策研究 [J]. 体育科学，2003（3）：37-49.

[63] 栗燕梅. 关于休闲体育与生活方式的探析 [J]. 吉林省教育学院学报，2012（4）：33-35.

[64] 梁建勋，王华，周光辉. 城镇化进程中民族传统体育公共服务体系的构建 [J]. 河北学刊，2014（9）：205-208.

[65] 刘兵，董春华. 体育产业集群形成与区域发展关系研究 [J]. 体育科学，2010（2）：48-54.

[66] 刘成云. 体育经济在国民经济发展中的地位 [J]. 体育文化导刊，2013（4）：101-105.

[67] 刘建明，李建国. 新公共服务理论视角下体育公共服务体系的建设 [J]. 体育科研，2010（3）：54-56.

[68] 刘亮. 我国体育公共服务的概念溯源与再认识 [J]. 体育学刊，2011（5）：34-40.

[69] 刘亮. 我国体育公共服务均等化的现状：基于资源配置的多维度分析 [J]. 武汉体育学院学报，2012（12）：6-9.

[70] 刘庆山. 我国体育公共服务体系研究述评 [J]. 上海体育学院学报，2008（5）：24-26.

[71] 刘树民. 吉林省城镇化进程中体育公共服务体系的研究 [J]. 才智，2013（9）：276-277.

[72] 刘卫，庄洪业，高诺. 我国"观赏型"体育消费市场的供求特征分析 [J]. 中国体育科技，2002（8）：28-30.

[73] 刘雯雯. 我国城市公共体育空间与设施管理模式初探 [D]. 西安：西安体育学院，2012.

[74] 刘学军，童杰. 体育环境的美学意义及其美育功能探讨 [J]. 武汉体育学院学报，2009（10）：89-92.

[75] 刘艳丽，姚从容. 从经济学视角试论我国体育公共服务产业生产主体的多元化 [J]. 西安体育学院学报，2004（9）：16-18.

[76] 刘玉. 改革开放30年我国体育公共服务供给模式转型与现实选择 [J]. 体育

科学，2014（2）：11-21.

[77] 刘振清.刍议我国体育经济对经济发展的影响及应对策略[J].西安电子科技大学学报（社会科学版），2013（9）：105-111.

[78] 卢元镇.体育社会学[M].北京：高等教育出版社，2002.

[79] 吕沂轩.我国体育产业发展新路径探索[J].现代商贸工业，2011（5）：15-16.

[80] 迈克尔·波特.国家竞争优势[M].北京：华夏出版社，2002.

[81] 麦肯锡.迎接中国的城市化挑战[J].预测报告，2008（3）：59-63.

[82] 蒙钢.浅谈体育产业与经济发展的关系[J].今日南国，2010（1）：59-60.

[83] 闵健，李万来，刘青.公共体育管理概论[M].北京：北京体育大学出版社，2005：163-164.

[84] 秦小平.中西方体育公共服务均等化环境研究[J].北京体育大学学报，2010（2）：15-18.

[85] 任海.以群众体育促进社会建设[J].北京体育大学学报，2014（9）：1-9.

[86] 社会文化[EB/OL].[2022-06-15].http：//baike.so.com/doc/5971949-6184908.html.

[87] 社区建设[EB/OL].[2022-06-15].http：//baike.so.com/doc/1466857-1550968.html.

[88] 沈斌华.城镇化应重视质量：内蒙古城镇化进程反思[J].广播电视大学学报（哲学社会科学版），2004（1）：62-65.

[89] 沈正平.优化产业结构与提升城镇化质量的互动机制及实现途径[J].城市发展研究，2013（5）：70-75.

[90] 审美理想[EB/OL].[2022-06-15].http：//baike.so.com/doc/319111-337884.html.

[91] 宋凯.我国体育产业链构建的SWOT分析与战略思考[J].绵阳师范学院学报，2010（8）：113-116.

[92] 宋娜梅，罗彦平.体育公共服务绩效评价：指标体系构建与评分计算方法[J].体育与科学，2012（9）：30-34.

[93] 孙雪，杨文香，何佳.新型城镇化测评指标体系的建立研究[J].地下水，2012（3）：124-126.

[94] 谭可敏.关于推进城镇化建设的几点思考[J].中国财政，2013（4）：

42-43.

[95] 汤际澜. 公共体育服务的公共性研究 [J]. 天津体育学院学报, 2010（6）: 510-514.

[96] 陶然, 曹广忠. "空间城镇化"、"人口城镇化"的不匹配与政策组合应对 [J]. 改革, 2008（10）: 46-48.

[97] 陶然, 曹广忠. "空间城镇化"、"人口城镇化"的不匹配与政策组合应对 [J]. 改革, 2008（10）: 83-88.

[98] 汪玮琳. 我国体育文化的社会功能研究 [J]. 湖南社会科学, 2012（5）: 5-8.

[99] 王彬艳. 太极拳对中学生身心发展影响的研究 [J]. 教育实践与研究, 2015（3）: 29-31.

[100] 王才兴. 构建完善的体育公共服务体系 [J]. 体育科研, 2008（2）: 1-10.

[101] 王德利, 赵弘, 孙莉, 等. 首都经济圈城市化质量测度 [J]. 城市问题, 2011（12）: 16-22.

[102] 王家宏, 李燕领, 陶玉流. 我国公共体育服务体系: 过程结构与功能定位 [J]. 北京: 北京体育大学学报, 2014（7）: 1-7.

[103] 王家宏. 我国公共体育服务体系: 过程结构与功能定位 [J]. 北京体育大学学报, 2014（7）: 1-7.

[104] 王景. 体育消费对经济增长的促进作用 [J]. 体育文化导刊, 2001（5）: 28.

[105] 王丽梅, 牟芳华, 董西明. 山东文化产业发展现状、问题及对策 [J]. 区域经济, 2006（12）: 93-96.

[106] 王秋梅, 党丽萍. 浅析社会体育与生活方式的关系 [J]. 科技信息, 2009（5）: 114-143.

[107] 王秀香, 李旭, 鲁永学, 等. 基于公民满意度的公共体育服务绩效评价体系构建 [J]. 南京体育学院学报, 2014（8）: 41-47.

[108] 韦伟, 王家宏. 我国公共体育服务绩效评价体系构建及实证研究 [J]. 体育科学, 2015（7）: 35-47.

[109] 韦伟, 王家宏. 我国公共体育服务绩效评价体系理论框架构建 [J]. 体育文化导刊, 2015（9）: 19-24.

[110] 我国健身服务行业的发展历程、发展现状及竞争格局分析 [EB/OL].[2022-06-15]. http://www.chyxx.com/industry/201411/290883.html.

[111] 吴文新，张雅静.休闲学导论[M].北京：北京大学出版社，2013.

[112] 夏锋.提高城镇化质量关键在转型与改革[J].中国合作经济，2012（9）：21-22.

[113] 夏忠梁，周文福.城镇化质量建设进程中的体育公共服务集群发展研究[J].沈阳体育学院学报，2015（4）：36-39.

[114] 享德森.健康经济学[M].向运华，钟建威，等，译.北京：人民邮电出版社，2008.

[115] 肖丽.城镇化建设与城市休闲体育的互动研究：以河南省为例[J].重庆科技学院学报，2010（3）：114-116.

[116] 肖林鹏，李宗浩，杨晓晨，等.论我国公共体育服务的供给困境[J].山东体育学院学报，2008（8）：1-4.

[117] 肖林鹏，李宗浩，杨晓晨.公共体育服务概念及其理论分析[J].天津体育学院学报，2007（2）：97-101.

[118] 谢华真.健商（HQ）[M].石仁，译.北京：中国社会出版社，2001.

[119] 徐擘.运用健康经济学研究居民健康状况[J].太原科技，2010（2）：51-55.

[120] 徐茂卫，管文潮.我国体育产业集聚的动力机制[J].上海体育学报，2012，36（3）：57-60.

[121] 许金锋，麻新远.城市化进程中我国公共体育服务供给的困境及破解途径[J].沈阳体育学院学报，2013（8）：38-43.

[122] 许玉明.从"空间城镇化到人口城镇化"的制度创新：与陶然、曹广忠商榷[J].改革，2009（4）：56-59.

[123] 许玉明.从"空间城镇化到人口城镇化"的制度创新：与陶然、曹广忠商榷[J].改革，2009（4）：147-150.

[124] 压力[EB/OL].[2022-06-15].http：//baike.so.com/doc/3925635-4119900.html.

[125] 杨年松.中国体育产业的推进机制[J].福建体育科技，2000（2）：45-59.

[126] 杨少雄.武术产业集群发展的基础条件与路径选择[J].北京体育大学学报，2007（5）：607-609.

[127] 杨文轩，陈琦.体育原理[M].北京：高等教育出版社，2004.

[128] 杨重光.警惕城乡二元结构演化为城市二元结构[J].城市评论，2005（6）：1-3.

[129] 姚绩伟，丁秀诗，梁金辉，等.不同认识视角下的社区体育公共服务基本属性研究[J].漳州师范学院学报（自然科学版），2013（4）：68–72.

[130] 易剑东，任慧涛.体育产业纳入我国战略性新兴产业的可行性及其潜在进路[J].武汉体育学报，2015，49（3）：5–11.

[131] 殷恒婵，卢敏，王新利，等.运动对大学生心理健康影响的研究[J].体育科学，2007（5）：41–46.

[132] 余文茂.体育经济发展与扩展内需战略的关系及策略选择[J].学术论坛，2013（8）：133–135.

[133] 郁义鸿.产业链类型与产业链效率基准[J].中国工业经济，2006（7）：87–90.

[134] 袁其刚，夏金宝.山东省产业集群效应分析及负效应规避[J].山东经济，2006（11）：115–119.

[135] 查圣祥，张立敏.我国体育产业与健康服务业融合发展研究[J].体育文化导刊，2016（9）：106–109.

[136] 张春梅，张小林，吴启焰，等.城镇化质量与城镇化规模的协调性研究：以江苏省为例[J].地理科学，2013（1）：16–22.

[137] 张红岩.新型城镇化和产业集聚区互动发展研究[J].商业时代，2013（10）：136–137.

[138] 张利，田雨普.我国体育公共服务均等化现状及发展对策研究[J].体育与科学，2011（9）：16–20.

[139] 张瑞林，王先亮.中国体育产业发展机制创新研究[J].成都体育学报，2016，42（3）：19–24.

[140] 张晓露，刘科伟.基于集群创导的关中城镇化发展探讨[J].人文地理，2006（2）：85–88.

[141] 张志坚.论新形势下我国社区体育服务发展中的困惑与对策[J].吉林体育学院学报，2006（3）：107–108.

[142] 赵聂.基于DEA模型的公共体育服务绩效评价研究[J].成都体育学院学报，2008（6）：8–10.

[143] 赵书祥.我国体育领域中综合评价理论与方法及实证的研究[D].北京：北京体育大学，2008.

[144] 赵泽林.理性看待城镇化：质量先行[J].中国集体经济，2008（7）：48-49.

[145] 赵忠建，王志强.集群创导：欧盟发展创新集群主要手段[J].科技进步与对策，2011（2）：50-54.

[146] 郑家鲲."十二五"时期构建我国公共体育服务体系的若干思考[J].成都体育学院学报，2011（12）：1-6.

[147] 中国（海南）改革发展研究院.聚焦中国公共服务体制[M].北京：中国经济出版社，2006：296-300.

[148] 钟阳，王智勇.人口城镇化进程中的驱动因素研究：基于地级市的时空计量模型分析[J].软科学，2016（1）：26-30.

[149] 周爱光.从体育公共服务的概念审视政府的地位和作用[J].体育科学，2012（5）：64-70.

[150] 周加来.城市化·城镇化·农村城市化·城乡一体化：城市化概念辨析[J].城市，2002（1）：29-31.

[151] 周进强，吴寿章.中国体育赛事活动市场化发展道路的回顾与展望[J].体育文化导刊，2001（2）：9-11.

[152] 周丽君，于可红.从文化的本质论体育文化[J].中国体育科技，2005（1）：9-11.

[153] 周文福，崔鑫.体育公共服务在城镇化质量建设中的作用[J].山东体育学院学报，2011（2）：15-17.

[154] 周文福，佟艳华.山东半岛蓝色经济区体育产业集群发展研究[J].山东体育学院学报，2013（1）：74-77.

[155] 朱洪.山东省城镇化发展质量测度研究[J].城市发展研究，2007（5）：37-43.

[156] 朱洪祥，雷刚，吴先华，等.基于预警指标体系的城镇化质量评价：对山东省城镇化质量评价体系的深化[J].城市发展研究，2011（12）：7-12.

[157] 祝振军，叶冬清.珠江三角洲体育用品产业集群发展研究[J].广州大学学报（社科版），2009（4）：39-42.

[158] 邹超，王欣亮，喻文.产业集群内企业核心竞争力的作用机制及提升路径分析[J].西北大学学报（哲学社会科学版），2011（2）：41-45.